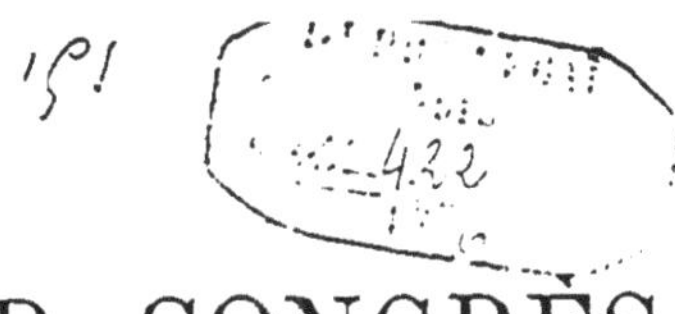

PREMIER CONGRÈS

National et International

DE LA COOPÉRATION SOCIALISTE

TENU A PARIS

LES 7, 8, 9 ET 10 JUILLET 1900

Prix : **2 fr. 50**

PARIS
SOCIÉTÉ NOUVELLE DE LIBRAIRIE ET D'ÉDITION
(*Librairie Georges Bellais*)
17, RUE CUJAS, 17

1900

PREMIER CONGRÈS

National et International

DE LA COOPÉRATION SOCIALISTE

PREMIER CONGRÈS

National et International

DE LA COOPÉRATION SOCIALISTE

TENU A PARIS

LES 7, 8, 9 ET 10 JUILLET 1900

PARIS
SOCIÉTÉ NOUVELLE DE LIBRAIRIE ET D'ÉDITION
(*Librairie Georges Bellais*)
17, RUE CUJAS, 17

1900

Bourse Coopérative des Sociétés ouvrières de Consommation

Fondée le 1ᵉʳ Décembre 1895, à Paris

Siège social : 144, rue du Chemin-Vert, Paris

CONGRÈS NATIONAL ET INTERNATIONAL
DES
SOCIÉTÉS COOPÉRATIVES DE CONSOMMATION

Le Mouvement Coopératif ayant pris en ces dernières années une importance considérable, parmi les moyens propres à transformer l'organisme de la société actuelle en une autre mieux organisée, basée sur une répartition plus équitable de la richesse sociale, la Bourse coopérative, dans son Assemblée générale du 14 janvier 1900, a voté, à l'unanimité, la tenue d'un Congrès Coopératif national et international pour les Sociétés coopératives de consommation.

Dans ce Congrès, toutes les questions relatives à la Coopération seront examinées, notamment :

1° De l'Assurance coopérative ;

2° De la Coopération socialiste ;

3° Des relations internationales entre Sociétés, Fédérations, Bourse coopérative.

L'importance de cette dernière question mérite tout particulièrement, nous en sommes persuadés, toute l'attention du Congrès.

En effet, en face de l'Industrie, du Commerce et de la Banque organisés internationalement. il est de toute nécessité que les travailleurs conscients jettent les bases d'une entente internationale, en ce qui concerne le Coopératisme.

Tout le monde sait, d'ailleurs, que nos camarades Anglo-Saxons ont développé à un degré très élevé le Coopératisme, au point de vue de l'organisation du travail et de la répartition des produits de première nécessité ; le Wholesale, de Manchester, en est un exemple remarquable. D'autre part, nos compagnons Belges se sont servis du Coopératisme comme d'un excellent moyen de propagande pour la diffusion du socialisme. Français, Allemands, Italiens, Espagnols, etc. n'ont pas hésité à entrer dans cette voie, en créant des Sociétés coopératives de Consommation et de Production. Jadis semi-bourgeoises, ces associations deviennent de plus en plus un outil d'émancipation entre les mains du Prolétariat.

Le Congrès aura lieu dans le Pavillon syndical et coopératif, à proximité de l'Exposition de 1900, les 7, 8, 9, 10 Juillet prochain.

Nous vous prions de bien vouloir nous faire connaître quelles sont les questions que vous voudriez voir inscrire à l'ordre du jour, en dehors des trois précitées, et de nous faire parvenir votre adhésion dans le plus bref délai.

Pour la Bourse coopérative :

Le Secrétaire,

X. GUILLEMIN.

CONGRÈS NATIONAL ET INTERNATIONAL
DES
SOCIÉTÉS COOPÉRATIVES DE CONSOMMATION

Étant donné l'importance de quelques questions qui nous ont été soumises, il a semblé bon à la Bourse coopérative d'envoyer une nouvelle circulaire avec les dites questions :

PREMIÈRE QUESTION

Suppression de la Licence aux Sociétés coopératives

A ce sujet, la « Solidarité de Montmorency » est en procès avec l'Administration de la régie pour trancher le différend ; quoique, cependant, deux Sociétés du département de la Seine soient exonérées de ce droit.

DEUXIÈME QUESTION

Pharmacies coopératives

Le Service médical gratuit, ou quasi gratuit, a pris en ces derniers temps un si grand développement qu'il appelle nécessairement l'institution de Pharmacies coopératives.

Il existe en France plusieurs organisations de ce genre dont les rapports constatent les résultats satisfaisants de ces institutions.

TROISIÈME QUESTION

Formation de Coopératives agricoles

Le développement de plus en plus grand des coopératives de consommation appelle, avec la disparition des intermédiaires, la constitution de coopératives de production de toutes sortes.

L'alimentation étant la première branche de nos Sociétés, il y a intérêt à créer, dans les centres agricoles, des groupements comme il en existe déjà dans le Jura (telles que fromageries) et en Belgique (laiterie d'Herffelingen), etc., etc.

Le Secrétaire de la Commission d'organisation.

X. GUILLEMIN.

Circulaire envoyée aux Sociétés Agricoles

Citoyens,

La *Bourse Coopérative des Sociétés Ouvrières de Consommation*, désirant resserrer davantage l'entente entre les Coopératives de production et les Coopératives de consommation, a résolu, tout d'abord, de tenter de fonder *L'Union des Coopératives de Production du Sol : Agricoles, Viticoles, Fruitières, etc...*

Elle vous prie en conséquence de vous faire représenter au Congrès qu'elle organise à cet effet, au *Palais du Travail* (Pavillon Syndical et Coopératif), Place Dupleix, à Paris, le 7 juillet prochain, à une heure précise du soir.

ORDRE DU JOUR :

1° Nomination du Bureau. — 2° Vérification des Mandats. — 3° Fondation de « L'Union des Sociétés Coopératives de Production du Sol ». — 4° Création d'un Magasin commun de vente à Paris. — 5° Questions diverses.

Nous vous prions d'adresser votre adhésion au citoyen

Guillemin, secrétaire de la Bourse coopérative, 144, Rue du Chemin-Vert, Paris.

Recevez. Citoyens, notre fraternel salut.

Pour la Bourse Coopérative :

Le Secrétaire,

GUILLEMIN.

PREMIÈRE JOURNÉE

Samedi 7 juillet

La séance du matin a été consacrée à la vérification des
ouvoirs.

DEUXIÈME SÉANCE
à 2 heures de l'après-midi

Le citoyen Xavier GUILLEMIN monte à la tribune et
emande au Congrès de bien vouloir former le bureau :
e dernier, dit-il, sera renouvelé à chaque séance, et
ommé selon le choix du Congrès.

Le bureau se trouve ainsi constitué :

HAMELIN, délégué de *La Fraternelle* de Saint-Claude
Iura).

Assesseurs : MALBRANQUE, de l'*Union* d'Amiens. LE-
AITRE,de la *Coopérative des syndicats angevins* (Angers).

Secrétariat: Les citoyens MICHEL, de la *Coopérative* de
Choisy-le-Roi (Seine), MORDANT, de l'*Émancipation*, rue
abat, 69, Paris, AUBRIOT. de l'*Émancipation* du XVe,
'aris. MEUNIER, de la *Probité*, Paris, sont nommés secré-
iires pour toute la durée du Congrès.

Le citoyen HAMELIN, président, remercie le Congrès
e l'avoir nommé pour présider cette première séance. Les

travailleurs socialistes de Saint-Claude seront flattés de l'honneur que vous leur faites en la personne de leur délégué : cela démontre que le courant d'opinion se porte vers le socialisme. Nous espérons que de ce Congrès sortiront de nouvelles forces coopératrices qui, coordonnées et bien dirigées, aideront, au même titre que l'action politique et syndicale, à l'émancipation des travailleurs. *(Applaudissements)*.

Je donne la parole au citoyen Cazebonne, des *Vignerons* de Damery (Marne).

Le citoyen CAZEBONNE. — Comment se fait-il que l'on ne commence pas par la question des coopératives agricoles? La circulaire porte la date du 7, et l'on nous dit que la question est reportée à demain.

Le citoyen GUILLEMIN. — En fait, les coopératives agricoles ne devraient pas participer à ce Congrès. Si l'on vous a convoqués, c'est que nous avons pensé que, du moment que le Congrès traitait cette question, il y aurait peut-être intérêt à former un Congrès des coopératives agricoles, vinicoles ou autres ; ce Congrès aurait formulé des propositions ou des vœux qui nous auraient aidés dans notre travail sur cette question. Nous avons donc envoyé une circulaire, et nous constatons que peu d'organisations de ce genre ont répondu. Néanmoins, si le Congrès le veut, la question pourra être portée à la séance de dimanche matin. Cela permettra aux délégués de ces organisations de préparer un travail et de le soumettre au Congrès. *(Adopté)*.

Le citoyen HAMELIN, président, fait l'appel des Sociétés présentes. Il constate qu'il y a 111 mandats déposés sur le bureau ; que ces mandats représentent 182.545

sociétaires, sans compter les fédérations de province
et les délégations étrangères qui représentent : pour
l'Italie, 400 Sociétés, pour l'Espagne 83, la Hongrie 2,
l'Amérique 1, la Hollande 1, la Belgique 3, la Fédération
du Nord 19, et la Fédération Ardennaise, 19.

Le citoyen GUILLEMIN souhaite la bienvenue aux délégués au nom de la Bourse des coopératives. Nous regret-
tons, dit-il, de ne pas vous recevoir dans un local mieux
aménagé, mais nous n'ayons pu faire mieux. La faute en est
bien un peu aux électeurs parisiens qui ont si mal travaillé
aux élections de mai dernier, mais passons, n'en causons
pas trop, et réfléchissons-y. Du moins, quand vous retour-
nerez dans vos départements, vous pourrez dire à vos camarades que les travailleurs parisiens s'organisent et qu'ils
ne désespèrent pas de nous. Si Paris a été surpris dans sa
bonne foi, il saura se reprendre, et nous pensons que l'accord commun qui doit exister entre toutes les organisations politiques, syndicales et coopératives, sera excellent. C'est pourquoi nous engageons les délégués présents
à bien se pénétrer de cette idée que le Congrès a eu surtout pour but de rendre la coopération socialiste. Nous
croyons ne pas nous tromper en comptant sur votre concours, car, unis, nous serons forts, dispersés, nous serons
toujours le jouet et l'instrument des réactions. Le peuple
est assez fort maintenant pour se diriger lui-même.
(*Applaudissements*).

Le citoyen MAUSS, de la *Coopération socialiste*,
demande que l'on donne une sanction aux rapports du
Congrès, en nommant les commissions de résolutions, en
votant la publication des travaux du Congrès ; ce dernier
est un événement, et il est bon que la propagande néces-

saire soit faite. L'on pourrait, dit-il, faire comme pour la brochure du Congrès socialiste, la faire publier par la Société nouvelle de librairie, rue Cujas, 17, qui se chargerait des travaux.

Le citoyen HAMELIN dit que la Bourse coopérative se range à cette proposition.

Les citoyens COHEN (*Garennoise*), BOUTIN (*Viager perpétuel*), ROCHE (*Le Marais*), BERTRAND (*Dionysienne*), ROLLAND (*Bellevilloise*), JEANGERARD (*Revendication*), MALBRANQUE (*Union* d'Amiens) parlent de l'utilité de la publication.

La proposition, mise aux voix, est adoptée à l'unanimité.

Le bureau enverra le compte rendu journalier aux journaux socialistes. (*Adopté*).

Le citoyen ANDRIEUX (*La Concorde*) demande que ce soit le secrétariat seul qui soit chargé des rapports. (*Adopté*).

Le citoyen MAUSS demande que l'on adopte un mode de votation.

Le citoyen VAN WAEREBECKE (*Paix*, de Roubaix) demande que le vote ait lieu par personnes représentées, car les fédérations représentent quelquefois 100.000 coopérateurs, et cette quantité doit avoir plus de droits qu'une petite société.

Le citoyen BÉGUIN (*Humanité*, de Wattrelos) demande le vote par société.

Une discussion s'engage sur le mode de votation ; les citoyens BAGNOL (*Le Chêne*), SALMON (*Avenir*, de Plaisance), COTTE (*Égalitaire*), ROCHE (*Le Marais*), BERTRAND

(*Dionysienne*), CAZEBONNE (*Damery*). COLIN (*Bellevilloise*),
SAMSON (*Union de Lille*). GUILLEMIN (Bourse coopérative),
HENRIET (*Prévoyante* des Prés-St-Gervais), MALBRANQUE
(Amiens), parlent pour et contre le vote par chaque
société.

Le vote par appel nominal pour les questions à l'ordre
du jour est adopté.

Le vote se fera à mains levées pour les questions de
réglementation.

Proposition SAMSON demandant que le vote ait lieu
par sociétés représentées : à l'appel nominal la proposition
est repoussée.

Le citoyen REBINS (*Maison du Peuple*, Paris), demande
que les Sociétés de production aient le droit de voter.

Le citoyen DULUCQ dépose la proposition suivante :
« Étant donné que le petit nombre de Sociétés ouvrières de
production représentées au Congrès sont constituées sur
des bases socialistes, je demande au Congrès qu'elles
soient acceptées au même titre que les autres. »

Après discussion entre les citoyens GUILLEMIN (Bourse
coopérative), les *Viticulteurs* de Cognac, le *Viager perpétuel*, les *Employés de coopératives*, l'*Espérance* des V⁹ et
XIII⁹, il est décidé que les Sociétés de production présentes
feront partie du Congrès : il en est de même pour le
syndicat des *Employés de coopératives* qui demande à
faire son adhésion.

La discussion relative à la réglementation et à la
votation étant close, la parole est donnée au citoyen
BÉGUIN, rapporteur de l'*Assurance coopérative*.

BOURSE DES SOCIÉTÉS COOPÉRATIVES OUVRIÈRES
DE CONSOMMATION

Siège social : 144. Rue du Chemin-Vert, siège de la Laborieuse

---

RAPPORT DE LA COMMISSION nommée par la Bourse, dans sa séance du 8 mai 1899, à l'effet d'étudier la question de *l'Assurance coopérative* et de rechercher les moyens pratiques pour arriver à la réalisation de ce projet.

Depuis plusieurs années les coopérateurs militants ont souvent recherché les moyens d'arriver à la constitution de l'*Assurance Coopérative,* dans le but de conserver à la coopération, pour la part qu'elle y apporte, les bénéfices considérables réalisés par les capitalistes exploitant cette industrie. Plusieurs fois, déjà, ceux qui s'intéressaient à cette importante question ont pu la croire résolue.

En effet, nombreux ont été les rapports et les projets de Statuts élaborés par maintes Commissions d'études et souvent discutés et approuvés par des Congrès ou Assemblées réunis spécialement pour donner l'existence à l'Assurance coopérative. Malheureusement, il fallait lutter et contre l'indifférence des intéressés et contre l'entêtement des partisans de tels ou tels principes : système mutualiste, système de l'assurance à forfait, ou autres. De plus, les uns entendaient s'en tenir à l'assurance Accidents, seule, entre coopératives de consommation, et seulement pour leurs employés ; d'autres voulaient que cette combinaison fût étendue aux coopératives de production et à leur personnel ; d'autres enfin, réclamaient l'assurance contre tous risques : Accidents et Incendie, garantissant généralement les Sociétés de consommation et de production, leur personnel et leurs adhérents.

Ces divergences de vues, s'ajoutant à l'indifférence que

nous signalions tout à l'heure, rendirent stériles les efforts
tentés jusqu'à ce jour pour aboutir à la solution désirée.

Cependant, vers fin de 1896, les Conseils d'administration de
la *Revendication* de Puteaux, et de l'*Alliance des Travailleurs*
de Levallois-Perret, prenaient l'initiative d'une tentative nouvelle en convoquant, le 6 décembre 1896, au siège de la *Revendication*, à Puteaux, une réunion de délégués de sociétés
coopératives. Cette réunion nommait une Commission composée des délégués de l'*Alliance des Travailleurs*, de Levallois,
de la *Revendication* de Puteaux, de l'*Égalitaire*, de l'*Union* du
XIXe, de la *Solidarité*, d'Asnières, de l'*Indépendance*, de la
rue Ordener, et de la *Coopérative* d'Ermont. La Commission qui,
en avril suivant, s'adjoignit les délégués de la Société *Le Marais*,
de Paris, de la *Brossière*, de Tracy-le-Mont, et de la *Société de
production des sculpteurs modeleurs*, se mit à l'œuvre avec
zèle. Des réunions fréquentes furent tenues, des circulaires,
contenant un questionnaire dont les réponses devaient éclairer
les commissaires, furent adressées à toutes les Sociétés coopératives de consommation et de production connues en France.

Enfin, ses recherches et études terminées, la Commission
prenait les principales décisions suivantes :

1° L'Assurance Coopérative comprendra les deux branches
Incendie et Accidents ;

2° Cette assurance sera instituée sur le modèle des Compagnies à primes fixes actuellement existantes ; elle emploiera
les mêmes tarifs ;

3° Le capital social sera créé au moyen d'une émission
d'actions, qui devront être souscrites par les Sociétés appelées
à participer à l'assurance et dans les conditions prescrites par
les Statuts et les Règlements qui seront ultérieurement dressés.

4° Le fonds de garantie constitué, les excédents de bénéfices disponibles serviront au développement de la coopération
en général et des organisations ouvrières instituées dans un
but d'émancipation économique et sociale ;

5° Avec les Sociétés coopératives de consommation et de production, les organisations et syndicats ouvriers et agricoles, les membres de ces associations pourront adhérer à l'*Assurance coopérative*.

Sur ces bases principales, la Commission élaborait bientôt, avec le gracieux concours de M° Genevoix, avocat, l'éminent conseil de la Verrerie ouvrière, les Statuts de l'*Assurance coopérative*. Société anonyme d'assurances, à primes fixes, contre tous risques.

Ces Statuts, qu'un Règlement, destiné à assurer le fonctionnement régulier de la nouvelle Société, devait compléter, furent adoptés dans un Congrès des organisations coopératives de la Seine et de Seine-et-Oise, tenu en juillet ou août 1897, au siège de l'*Égalitaire*, et la Commission reçut de ce Congrès le mandat de terminer son œuvre, notamment, en faisant appel aux associations intéressées pour la constitution du capital social nécessaire.

Cet appel avait été lancé et, déjà, plusieurs adhésions et souscriptions étaient parvenues au dévoué secrétaire de la Commission, le camarade Guillaume, président de l'*Alliance des Travailleurs* de Levallois, lorsque ce dernier fut atteint d'une longue et grave maladie qui le mit dans l'impossibilité absolue de continuer son utile mission; le secrétaire n'ayant pas été remplacé, la Commission ne fut plus convoquée, elle se désagrégea et, comme ses devancières, l'*Assurance Coopérative* resta à l'état de projet.

Mais la nouvelle loi sur les accidents du travail, et la nécessité pour les Sociétés coopératives de s'y conformer, devaient éveiller à nouveau les initiatives. La Bourse, sollicitée par de nombreux délégués, prenait, dans ses séances des 28 mai et 11 juin derniers, la décision d'en terminer avec une question si longuement étudiée et dont la solution devenait urgente.

A cet effet une Commission, composée des délégués de la

Bourse Coopérative, de l'*Économie Parisienne*, de la *Coopérative* d'Ermont, de la *Fraternelle* de Vanves, de la *Revendication* de Puteaux, de la *Bellevilloise*, de l'*Avenir* de Vaugirard, de l'*Égalitaire* et de l'*Alliance des Travailleurs* de Levallois. fut chargée de faire toutes études, démarches. convocations et propositions nécessaires pour atteindre le but proposé.

Cette Commission a pensé que le projet, déjà adopté, fruit de la longue étude et des travaux faits par la précédente Commission et que nous venons de rappeler rapidement, ne devait pas être abandonné, l'excellence en ayant été reconnue — et des dépenses assez élevées ayant été engagées à cette occasion par l'*Alliance des Travailleurs* qui en a fait les avances.Mais il importait, cependant, de faire appel à nouveau à l'obligeance de Mʳ Genevoix, afin de savoir si les Statuts, grâce à la loi du 9 avril 1898, devaient être modifiés en ce qui touche la branche : Accidents. La réponse fut négative.

Ces longues, mais nécessaires explications fournies, nous allons vous soumettre le résultat des recherches et des travaux auxquels s'est livrée la Commission.

Nous avons dû songer tout d'abord, — ce point nous paraissant des plus intéressants, afin de bien fixer notre sentiment, — à nous rendre compte aussi largement et justement que possible des bénéfices réalisés par les Compagnies d'assurances à primes fixes pour les deux branches : Incendie et Accidents.

A cet effet, nous avons consulté tous les documents que nous avons pu nous procurer, et qui nous ont permis de dresser pour chaque branche : Incendie et Accidents, les statistiques dont nous allons vous donner connaissance :

1ᵉ Tableau indicatif de la valeur des actions (Nᵒˢ 1 et 1 bis)

2ᵒ Statistique de l'exercice 1898 (Nᵒˢ 2 et 2 bis).

3ᵒ Statistique de l'exercice des quinze dernières années complète seulement pour les années 1889 à 1898 (Nᵒˢ 3 et 3 bis).

TABLEAU indicatif de la valeur des actions
de la plupart des Compagnies d'assurances à primes fixes, branche INCENDIE

No 1

COMPAGNIES	Fondées en :	Au Capital de :	Représenté par ACTIONS	Montant des ACTIONS	Versé par ACTION	Valeur actuelle de l'Action
La Générale...................	1819	2.000.000	2.000	1 000	1.000	37.500
Le Phénix...................	1819	4.000 000	4.000	1.000	1.000	13.300
La Nationale....	1820	10 000.000	4.000	2.500	625	16.900
L'Union...................	1828	10.000.000	2.000	5.000	1.250	18.850
Le Soleil...................	1829	6.000.000	12.000	500	500	5 260
La France...................	1837	10.000.000	2.000	5.000	1.250	15.200
L'Urbaine...................	1838	5.000.000	5.000	1 000	250	5.400
L'Aigle...................	1843	2.000.000	4.000	500	500	7.000
La Paternelle...................	1843	6.000 000	6.000	1.000	400	5.550
La Confiance...................	1844	10.000.000	20.000	500	200	750
L'Abeille...................	1857	12.000.000	12.000	1.000	250	2.580
Le Monde...................	1864	6.000.000	12.000	500	200	310
La Métropole...................	1879	8.000.000	40.000	200	60	150
L'Espérance...	1879	5.200.000	52.000	100	100	140

NOTA. — Nous n'avons pu nous procurer ces renseignements pour quelques Compagnies, notamment *La Foncière*, qui est en voie de prospérité. Plusieurs autres Compagnies, qui ne figurent pas non plus sur ce tableau, sont en déconfiture ou tout au moins ne distribuent pas de bénéfices à leurs actionnaires. Ces dernières Compagnies sont de fondation relativement récente.

TABLEAU indicatif de la valeur des actions
de la plupart des Compagnies d'assurances à primes fixes, branche ACCIDENTS

N° 1 bis

COMPAGNIES	Fondées en :	Au Capital de :	Représenté par Actions	Montant des Actions	Versé par Action	Valeur actuelle de l'Action
La Préservatrice	1864	5.000 000	5.000	1.000	250	2.500
Le Soleil	1865	10.000.000	20.000	500	125	665
Le Secours	1880	10.000.000	20.000	500	125	240
L'Urbaine.	1880	12.000.000	24.000	500	125	555
La Prévoyance	1880	2 000.000	4.000	500	125	1.200
La Caisse des Familles	1881	3.000.000	6.000	500	125	90
La Providence.................	1881	5.000.000	10.000	500	125	860
L'Éternelle	1883	6 000.000	12.000	500	500	125
La Société générale des Assurances individuelles..........	1893	3 000.000	6.000	500	125	135

INCENDIE. — Statistique des 15 dernières années
(complète pour les dix dernières seulement)

Nᵒ 2

Années	Primes nettes encaissées	Sinistres		Commissions		Frais généraux		Bénéfice industriel	Solde des comptes de profits et pertes	Sommes distribuées aux Actionnaires
		Sommes	%	Sommes	%	Sommes	%			
1884	89.754 361	51 004.021	56.93	21.068.881	23.47	10.275.773	11.45	7.315.776		
1885	91.132.781	49.053.154	53 82	21 574.746	23.67	10.670.301	11 71	9.834.580		
1886	90 333 086	51 030.915	56.49	20 963.871	23.21	9.843.400	10.90	8.494.900	Les chiffres manquent pour ces 5 années	
1887	94.464.771	53.384.374	56.51	21.302.227	22 66	10.601.590	11.21	9 176.580		
1888	92.390.997	58 026.540	51.98	21 494.314	23.26	9.604 453	10 39	13.274.690		
1889	95 579 118	48.918.435	51.18	22.360 239	23.39	10 179.314	10.64	14.121.130	23 630.637	14.566.500
1890	97 485 977	51.853 910	53.20	24.020.931	25 67	10.118.616	10 38	11.493.220	21 881.587	14.086 060
1891	98.926 981	50 846 639	51 39	24.231 604	24.49	10.345.751	10.46	13.502.987	23.662.525	15 501.500
1892	100.415 987	53 871 270	53.05	24.115.236	24 61	10.435 994	10.39	12 591.978	22.534.352	15.884.671
1893	100 095.390	60.561.025	60.53	23.333.042	23 30	10.617.062	10.60	5.594 261	16.114.139	13.884.000
1894	99.477 203	47.391.512	47.63	23.791.181	23.91	10.815.981	10.87	17 478 520	25.378.018	17.108.000
1895	100.617.103	51.936.832	51.62	24.119 690	23.97	10 492.088	10.43	14.068.493	24 299 850	16.982 000
1896	102.274.245	49.774.615	48 67	24.653.246	24.10	10.674.305	10.43	17.172.082	27.401 470	17.990 500
1897	102 653.862	48.435.579	47.18	25 190.313	24.51	10.650.423	10 37	18.377 547	28.697.612	18 379 500
1898	111.160.358	54 893 513	53.88	27.110.740	24.39	11.908.845	10.71	12 247 260	23.870.933	17.519.500
	1 008.685.327								237.471.153	162 162.231

Statistique des opérations de l'exercice 1898. Branche ACCIDENTS

N° 2 bis

COMPAGNIES	PRIMES NETTES encaissées en 1898	SINISTRES Sommes (frais comp.)	SINISTRES %	COMMISSION Sommes	COMMISSION %	FRAIS GÉNÉRAUX Sommes	FRAIS GÉNÉRAUX %	BÉNÉFICE INDUSTRIEL Sommes	BÉNÉFICE INDUSTRIEL %	CAPITAL Souscrit	CAPITAL Versé	SOMMES distribuées aux Actionnaires
Préservatrice	2.162.408	1.211.180	49.20	38.557	15.65	303.861	12 31	561 810	22.81	5.000.000	1 250 000	400.000
Soleil	3.607.142	2.282.561	62.23	635.131	17.28	313.081	8.55	137.063	11.91	10.000.000	2.500.000	190.000
Compagnie générale.										3.000.000		
Secours	3.029.396	1.837.201	60.47	507.511	16.73	382.200	12 61	302.451	9.97	10.000.000	2.500.000	180.000
Urbaine-Seine	4.987.099	2.710.720	54.35	1.061.396	21.35	756.485	15 77	455.678	9.13	12.000.000	3.000.000	432.000
Patrimoine	1.513.485	924.187	60.89	309.915	20.45	182.167	12 01	100.216	6.62	5.000.000		55.000
Caisse des Familles.	618.393	406.886	62.68	93.135	14.45	117.265	18.09	31 097	4.83	3.000.000	750.000	
Abeille	2.351.089	1.442.881	61.45	166.691	19.80	291.717	12.52	146.767	6.23	4.000.000		120.000
Providence	4.216.103	2.642.319	62.31	732.377	17.23	481.656	11.32	389.751	9.14	5.000 000	1.250.000	270.000
Prévoyance	2.492.051	1.295.563	51.86	560.688	22.77	303 459	12.05	332.411	13.32	2.000.000		50.000
Union ind. du Nord.	385.328	205.715	53.37	47.216	12.33	56.673	14.70	75.691	19.60	800.000		16.800
La Thémis	179.267	64.934	36.22	55.882	31.17	19.292	10.70	33.519	18.71	500.000		19.980
La Flandre	122.021	74.513	61.56	32.333	26.65			13.145	10.65	600.000		9.000
L'Éternelle	274.389	110.146	40.17	55.882	20.16	68.216	24.85	40.927	14.62	1.200.000	1 200.000	42.000
L'Espérance	1.075.016	340.051	31.62	55.100	22.60	49.889	4.55			6.000.000		300.000
La Conservatrice	11.472	1.643	9.09	243 763	45.45					500 000		15.000
	27.444.669	15.547.330	Moyen 56.65	1.151.268	15.28	3.329.094	12.09	2.920.492	10.61	61.600.000		2.399.780

Société Mutuelle

COMPAGNIES	PRIMES NETTES encaissées en 1898	SINISTRES Sommes (frais comp.)	SINISTRES %	COMMISSION Sommes	COMMISSION %	FRAIS GÉNÉRAUX Sommes	FRAIS GÉNÉRAUX %	BÉNÉFICE INDUSTRIEL Sommes	BÉNÉFICE INDUSTRIEL %	CAPITAL Souscrit	CAPITAL Versé	SOMMES distribuées aux Actionnaires
Préservatrice	2.829.011	1.196.285	67.74	367.771	13. »	391.084	12.34	195.886	6.92			

COMPAGNIES	PRIMES nettes encaissées en 1898	SINISTRES		COMMISSIONS		FRAIS GÉNÉRAUX	
		Sommes	0/0	Sommes	0/0	Sommes	0/0
La Générale.............	10.728.551	6.335.875	59.05	2.034.044	18.95	1.528.150	14.17
Le Phénix..	9.783.228	5.079.028	51.91	2.337.753	23.89	836.047	8.55
La Nationale.............	9.051.751	4.642.998	51.28	1.785.753	19.72	916.142	10.12
L'Union.................	13.535.363	7.861.555	58.08	3.011.001	22.24	1.510.334	11.15
Le Soleil..	9.180.159	4.820.719	52.51	2.257.045	24.58	646.380	7.04
La France	6.612.046	4.027.398	60.91	1.564.508	23.06	596.583	9.02
L'Urbaine	7.513.996	3 915.019	52.10	1.954.481	26.09	916.232	12.20
L'Aigle.................	4.553.813	2.411.111	52.95	1.120.036	24.59	320.763	7.04
La Paternelle........... .	4.854.647	1.658.988	34.17	1.422.462	29.30	692.516	11.27
La Confiance	4.188.387	2.097.858	50.08	1.231.043	29.39	438.440	10.45
L'Abeille...............	4.833.692	2.875.602	57.38	1.199.425	23.99	454.982	9.41
Le Monde	3.030.409	1 791.608	59.12	829.167	27.38	488.959	16.15
La Métropole.......	3.536.160	1.952.817	55.22	1.197.158	33.85	320.220	9.06
L'Espérance.............	5.545.277	3.692.674	66.59	1.290.963	23.28	257.855	4.69
	96.947.479						
La Providence.	3.884.242	2.123.522	54.66	833.812	24.04	453.113	11.67
Le Nord	2.958.415	1.354.076	45.78	1.004.158	33.94	324.946	11.15
La Nation...............	324.242	108.209	33.39	64.643	19.93	148.178	45.74
La Foncière	4.281.504	1.892.323	43.73	1.184.016	27.65	499.791	11.67
La Clémentine...	724.387	364.916	50.38	199.678	27.30	191.966	26.50
Assurances Rémoises.......	139.046	40.357	29.02	8.093	5.82	53.951	38.73
La Commerciale.	1.592.442	852.232	53.51	463.401	29.10	235.724	14.80
Union Générale du Nord....	308.612	117.328	38.02	58.742	19.03	79.261	25.68
	111.160.358	59.893.513	Moyenn 53.88	27.110.740	Moyenn 24.39	11.908.841	Moyenn 10.71

les Opérations de l'Exercice 1898

BÉNÉFICE industriel ou Perte	BÉNÉFICE ou Perte de l'exercice y compris Intérêts et Divers	SOLDE des comptes de Profits et Pertes	CAPITAL SOCIAL		SOMMES distribuées aux Actionnaires	% des sommes ci-contre par rapport au capital versé	OBSERVATIONS
			Souscrit	Réellement versé			
836.874	1.713.182	2.358.650	2.000.000	2.000.000	2.350.000	120	
1.530.400	2.292.323	2.895.111	4.000.000	4.000.000	1.600.000	40	
1.707.988	2.510.790	2.627.852	10.000.000	2.500.000	2.400.000	96	
1.152.473	1.848.121	2.127.714	10.000.000	2.500.000	1.300.000	56	
1.156.021	2.274.451	2.147.884	6.000.000	6.000.000	2.160.000	36	
423.457	1.041.782	1.134.024	10.000.000	2.500.000	1.000.000	40	
727.564	1.075.784	1.661.933	5.000.000	1.250.000	1.000.000	80	
701.903	1.010.471	1.097.845	2.000.000	2.000.000	920.000	45	
1.030.681	1.423.534	1.431.870	6.000.000	2.400.000*	1.140.000	47.5	* Près du quart du montant des primes encaissées.
421.346	737.300	812.742	10.000.000	4.000.000	350.000	9	
495.685	330.894	1.310.170	12.000.000	3.000.000	900.000	30	
79.325	111.185	153.684	6.000.000	2.400.000	120.000	5	
65.965	209.063	304.167	8.000.000	2.400.000	140.000	6	
303.785	—	—	6.000.000	6.000.000	300.000	5	Cette Compagnie exploite plusieurs branches avec le même capital.
			97.000.000	42.950.000	15.680.000	36	Les éléments ont manqué pour établir la statistique sur les mêmes bases pour les vingt-deux Sociétés portées sur ce tableau. Dans tous les cas cette statistique démontre que les quatorze premières Sociétés, constituées au capital de 97.000,000 sur lesquels il n'a été versé que 42,950,000, distribuent à leurs actionnaires annuellement (ces chiffres varient peu) 15,680,000 fr., soit 36 0/0 du montant des primes encaissées dans l'année. Enfin, en estimant, pour l'ensemble, aux 2/3 du capital souscrit le capital réellement versé (soit à 112 millions), les sommes distribuées aux actionnaires s'élèvent encore à 16 0/0 du capital versé, ou du montant des primes encaissées (111,160,000 fr.)
374.195	677.334	802.819	5.000.000		700.000		
269.635	380.704	380.704	2.000.000		240.000		
3.201	8.057	10.880	5.000.000		—		
785.374	1.254.724	2.012.135	40.000.000		880.000		
31.173	19.696	19.696	6.000.000		—		
36.745	112.032	112.032	5.000.000		65.500		
41.085	109.302	109.302	6.000.000		—		
53.281	54.719	54.719	2.000.000		34.000		
2.247.260	19.693.466	23.870.933	168.000.000		17.590.500		

ACCIDENTS. — Statistique pour les 15 dernières années.

(Complète pour les 10 dernières années seulement)

N° 3 bis

ANNÉES	PRIMES nettes encaissées	SINISTRES		COMMISSIONS		FRAIS GÉNÉRAUX		BÉNÉFICE ou Perte sur les Assurances	SOMMES distribuées aux actionnaires
		Sommes Frais compris	%	Sommes	%	Sommes	%	%	
1884	11.077.607	6 256.926	56.47	2.078.708	18.76	2 498.401	22 54	+ 2.23	Les chiffres manquent
1885	10.378.674	5 951.307	57.33	2.133.749	20.56	2.370.038	22.83	— 0.72	
1886	11.559 839	6.521.915	56 42	2.235.269	19.25	2.398.019	19 88	+ 4.43	
1887	11 503.171	6.582.926	56.19	2.156.233	18.75	2.252.926	19.60	+ 5.46	
1888	12 698.796	6.871 943	56.11	2.367.596	19.88	2.261.124	20.74	+ 3.22	
1889	13.172.161	7.881.832	59.83	2.569 057	19.50	2 401 089	18.22	+ 2.45	
1890	14.371.471	8.011 114	55.75	2.641.937	18.38	2.277.717	15.85	+10.02	721.000
1891	16.199.126	9.744.346	50.15	3.017.811	18.62	2.444.087	15.08	+ 6.15	928 000
1892	17.073.395	9.926 086	58.14	3 176.466	18.60	2.613 457	15.30	+ 7.96	846.000
1893	18 229.779	10.367.558	56.92	3.344.864	18.33	2.683 323	14.72	+10.03	1.080 900
1894	19.660.945	11.226.029	57.27	3.603.944	18.39	2.811 557	14.39	+ 9.98	1 334.800
1895	20 850.081	11 867 275	56.91	3.888.663	18.65	2.845.239	13.64	+10 80	1 528.800
1896	22.644.739	13.276 759	58.38	4.399 297	19.43	3.003.588	13.27	+ 8.92	1 728.800
1897	24.634.731	14.105.431	57.27	4.723.057	19.17	3.208.797	13.03	+10.53	1.843.000
1898	27.444.669	15.547.330	56.65	4.194.268	15.28	3.329.094	12.09	+10.64	2.025.560
	194.221.097							Moyenne 8 75	1.399.780
									14.436.640
									Soit 7.40 0/0 du montant des primes encaissées.

Ces diverses statistiques démontrent clairement que l'exploitation de l'assurance par la classe capitaliste a été pour elle une source de bénéfices prodigieux, et l'on peut certifier que si la branche Accidents n'a pas encore donné des résultats aussi brillants que la branche Incendie, son aînée, elle ne tardera pas à la suivre en si beau chemin. Cependant, il n'est pas douteux que la branche Incendie aura toujours l'avantage sur sa cadette.

. Nous croyons utile de résumer ici les tableaux 2 et 3 (Incendie) et 2 bis et 3 bis (Accidents), pour en éviter la lecture, fort aride à cause du grand nombre de chiffres qui y sont portés :

Pendant la période décennale de 1889 à 1898, les Compagnies d'assurances ont réalisé les opérations suivantes :

Totaux des primes nettes encaissées, 1.008.685.000 fr.

Les sinistres ont varié de 47.391.000 à 60.561.000 fr., soit une moyenne de 54 fr. °/₀ du montant des primes encaissées.

Les commissions payées, de 22.360.000 à 27.110.000 francs, soit une moyenne de 24 fr. °/₀.

Les frais généraux, de 10.118.000 à 11. 908.000 fr., soit une moyenne de 10 fr. 50 °/₀.

Le solde des comptes de profits et pertes s'étant élevé à 237.471.153 fr. (plus de 20 °/₀ du montant des primes), il a été distribué aux actionnaires 162.162.000 fr. (soit 16 °/₀ du montant des primes), et mis en réserve 75.309.153.

La statistique de l'année 1898 vient vérifier ces chiffres dont elle confirme l'exactitude.

En effet, il a été encaissé en 1898, en primes nettes, 111.160.358 fr., les sinistres ont été de 53.88 °/₀ du montant de ces primes, les commissions de 24.39, les frais généraux de 10.71; les comptes de profits et pertes se sont élevés à 23.870.938 fr., sur lesquels 17.599.500 fr., soit 16 °/₀ du montant des primes, ont été distribués aux actionnaires. Enfin, pour cette année 1898, 14 Sociétés ont pu verser à leurs actionnaires des sommes variant entre 120 et 5 % du capital social versé, soit une moyenne énorme de 36 % (Voir tableau 2, colonnes 12, 13, 14).

Pour la branche Accidents, les mêmes statistiques nous montrent, comme résultats totaux :

Exercice des dix dernières années, 1889 à 1898 (tableau 3 bis) :

Montant des primes encaissées, 194.221.090 fr.

Sinistres, sommes payées variant de 7.881.832 à 15.547.330 fr. ; soit 58.50 % du montant des primes encaissées.

Commissions, sommes payées variant de 2.564.057 à 4.723.057 fr.; %, 18.50.

Frais généraux, sommes payées variant de 2.401.401 à 3.329.094 fr.; %, 14.00.

Enfin, les bénéfices réalisés ont été de 8.75 % environ du montant des primes ; les sommes distribuées aux actionnaires se sont élevées, au total, à 14 436.640, soit 7.40 % environ du montant des primes encaissées.

Les Compagnies Accidents qui encaissaient, en 1889, 13.172.161 fr. de primes et distribuaient 721.000 fr. à leurs actionnaires, encaissent, en 1898, 27.444.669 fr., et distribuent 2.399.780 fr.; le chiffre d'affaires a doublé et les bénéfices réalisés ont été plus que triplés pendant cette période décennale.

La statistique de 1898 indique d'ailleurs une diminution dans le % des sinistres : 56,65 au lieu de 58 fr. pour les 10 ans, des commissions, 15.28 au lieu de 18.50 pour les 10 ans, et des frais généraux, 10.64 au lieu de 14 fr.

Quoique moindre, nous le répétons, que celle des Compagnies Incendie, la prospérité des Compagnies Accidents est donc satisfaisante et tend à s'améliorer encore.

Les chiffres que nous venons de placer sous vos yeux et de commenter ont une brutale éloquence et démontrent largement, selon nous, que l'Assurance coopérative a toutes

chances, non seulement pour vivre, mais pour se placer
bientôt au rang de celles des Sociétés à primes fixes qui réali-
sent les plus gros bénéfices. (Toutes proportions gardées,
bien entendu).

Notre affirmation vous paraîtra osée, car, en effet, s'il
existe des Sociétés réalisant des bénéfices énormes, il en est
d'autres, au contraire, dont la situation est loin d'être aussi
brillante et, par conséquent, comment prévoir d'avance le
sort réservé à l'Assurance coopérative ?

Nous expliquerons, facilement les causes de la différence
de situations entre les Compagnies d'assurance. Les premières constituées, exploitant une industrie nouvelle, ont
réalisé, dès les premières années de leur existence, des bénéfices importants qui se sont augmentés d'année en année, au
point que pour certaines d'entre elles — ceci vient de vous
être démontré (voir tableaux nᵒˢ 1 et 1 *bis*) — la valeur de·
leurs actions a été plusieurs fois décuplée. Il en résultait pour
ces Compagnies qu'elles pouvaient se montrer exigeantes dans
le choix des risques ; elles refusaient impitoyablement de
garantir ceux qui leur paraissaient trop dangereux ou, lorsqu'elles acceptaient une affaire présentant quelques chances
de sinistre, c'était après l'insertion, dans la police, de clauses
qui rendaient presque illusoire leur garantie, et moyennant le
paiement de primes très élevées.

C'est alors que de nouvelles compagnies se formèrent qui,
pour exister, durent se montrer moins exigeantes dans leurs
prétentions et plus larges dans l'acceptation des affaires dan-
gereuses. Nous appuyons nos affirmations sur des chiffres.
Ainsi nous voyons (tableau nᵒ 3, colonnes nᵒˢ 3, 13 et 14) les
cinq premières Compagnies, fondées de 1819 à 1829, encaisser
respectivement en 1898 de 13 millions à 9 millions de francs
de primes et distribuer à leurs actionnaires : trois, chacune
plus de 2.000.000 de francs, et les deux autres 1.600.000 fr.
et 1.300.000 fr. Deux autres Compagnies, fondées dans la

période décennale suivante (1837 et 1838), encaissent 6 e 7 millions de primes et distribuent 1.000.000 à leurs action naires. Toutes les autres, fondées depuis 1840, encaissen depuis 4.800.000 francs jusqu'à quelques centaines de mill francs, et distribuent de 900,000 à o fr. oo. Une seule parm ces dernières, « La Paternelle », fondée en 1843, donne à se actionnaires 1.140.000 francs, près du quart de ses encaisse ments. Nous vous ferons connaître tout à l'heure les cause de la prospérité extraordinaire de *La Paternelle*.

Enfin, les plus prospères d'entre les Compagnies se syndi quèrent, unifièrent leurs tarifs et s'imposèrent les même règles. Toutes les Compagnies qui, depuis ce groupement essaient de se constituer, sont immanquablement écrasée sous les efforts unis de leurs puissantes adversaires. Un seule Compagnie à primes fixes, *La France*, a gardé sa com plète liberté d'action et continue néanmoins à prospérer, mai elle existait déjà solidement au moment de la formation d Syndicat. Nous devons dire également que quelques assu rances, mutuelles ou régionales, ont pu se développer, mai en infime minorité et avec des chiffres d'affaires peu impor tants, sauf pour la Mutuelle de Seine et Seine-et-Oise, qui acquis une solide situation.

Toutes les explications qui précèdent s'appliquent à l branche Incendie, mais les mêmes causes produisent le mêmes effets dans la branche Accidents. Là aussi les Compa gnies réalisant les plus beaux bénéfices sont les plus ancienne les jeunes venues éprouvent les mêmes difficultés, ont à subi les mêmes assauts que leurs collègues de l'Incendie.

Examinons maintenant les conditions d'existence d l'Assurance coopérative.

L'Assurance coopérative en formation doit-elle êtr comparée, pour les difficultés à surmonter, à une Compagni capitaliste naissante ?

Aura-t-elle à lutter contre les mêmes efforts des Compagnies déjà existantes ?

Lorsqu'elle sera constituée, courra-t-elle les mêmes risques au point de vue industriel ?

Aura-t-elle les mêmes frais ?

Réalisera-t-elle les mêmes bénéfices ?

Autant de questions auxquelles nous allons répondre.

Non, l'*Assurance coopérative* ne peut être comparée à une Compagnie capitaliste naissante pour les difficultés à surmonter. Son but est différent, sa clientèle le sera également. La Compagnie capitaliste ne voit qu'une occasion de bénéfice pour ses actionnaires, par l'exploitation du client. Ce dernier prend, moyennant finance, une simple mesure de prévoyance; rien au delà, ni de part ni d'autre. Aucune idée généreuse, l'intérêt seul étant en jeu.

Au contraire, l'*Assurance coopérative* a un idéal généreux qui fera sa force, assurera sa réussite. Il s'agit, pour elle, de conserver dans une caisse spéciale les fonds versés par les assurés, en plus des sommes nécessaires au paiement des indemnités, pour les répartir socialement, dans les conditions qui seront indiquées par les statuts et règlement. De telle sorte que l'impôt, actuellement prélevé sur les travailleurs au titre de l'assurance par la classe capitaliste, restera entre les mains de la masse ouvrière organisée pour servir à son émancipation. Ce sera le but poursuivi par les coopérateurs et syndiqués qui l'auront compris et viendront d'eux-mêmes apporter leur adhésion à notre œuvre.

L'*Assurance coopérative* aura-t-elle à lutter contre les menées des Compagnies déjà existantes ?

Certes, les Compagnies d'assurances tenteront d'entraver nos efforts, notamment par une campagne de presse acharnée à laquelle prendront part tous les organes réactionnaires ou capitalistes, afin d'essayer d'égarer l'opinion et de faire croire à une tentative avortée d'avance. Les calomnies, les intimida-

tions, peut-être, iront leur train. Mais c'est la seule arme u
peu sérieuse dont elles pourront user à notre égard. Conti
les autres Compagnies, elles font agir la toute-puissant
Bourse, mais cette puissance ne pourra rien contre nous qi
n'attendons rien d'elle.

Nous n'avons donc guère à redouter qu'un peu de brui
et, peut-être, ce bruit sera-t-il, pour notre cause, la meilleur
des propagandes.

L'*Assurance coopérative* courra-t-elle les mêmes risques
au point de vue industriel, qu'une Compagnie ordinaire ?

Évidemment les risques seront à peu près les mêmes
cependant :

Au point de vue Incendie, il faut bien observer que si cei
tains des risques à couvrir par notre assurance sont quelqui
fois importants (magasins de Sociétés de consommation), il
seront fort rarement dangereux (quelques sièges, peut-être, d
coopératives de production). Tous les autres risques, s'appl
quant à des particuliers, ouvriers, cultivateurs, employé:
seront peu importants et peu dangereux. Partant, la somm
des risques sera plutôt moins élevée en notre faveur.

D'ailleurs, il sera facile, pour les risques trop important
ou dangereux et en attendant la constitution d'un fonds d
réserve suffisant, soit de rester assuré pour quelque temp
encore à des Compagnies capitalistes, soit de s'assurer à l
coopérative qui réassurera le risque.

Pour la branche Accidents, même situation au point de vu
du peu de gravité des risques. En effet, la plus forte part
de la clientèle « accidents » sera représentée par les employé
des Sociétés de consommation, chez lesquels les accidents d
travail sont fort rares. Quant aux autres risques, ils seroi
fournis par les coopératives de production et les Syndicats,
seront les mêmes que les Compagnies capitalistes couvrei
tous les jours sans s'en porter plus mal, au contraire.

L'Assurance coopérative aura-t-elle les mêmes frais qu'une compagnie ?

Non, l'assurance coopérative n'aura pas les mêmes frais.

D'abord, pour faire connaître notre œuvre aux intéressés, coopérateurs et Syndiqués, nous aurons gratuitement, espérons-le, le concours de la presse dévouée aux intérêts du prolétariat. Les sièges des coopératives, Syndicats ou autres organisations adhérentes, feront parvenir à leurs membres les communications quelconques qu'il serait nécessaire d'envoyer. De plus, les militants répandront l idée autour d'eux.

Donc, pas de frais de propagande ou très peu.

Pas de courtiers, pas d'agents généraux, les organisations étant chargées de distribuer les polices et d'encaisser les quittances des primes, faire part des changements de domicile des adhérents, des augmentations ou diminutions des capitaux assurés, etc....

Par suite, pas de commissions à payer.

Mais une administration sérieuse sera nécessaire, une comptabilité méticuleuse, un contrôle sévère et un service d'inspecteurs chargés de visiter les sièges et les adhérents assurés, de se rendre compte de l'importance et du caractère plus ou moins dangereux des risques, comme aussi de faire, dans chacune de leurs tournées, soit auprès des organisations, soit auprès des camarades en particulier, les démarches nécessaires pour amener à l'œuvre les hésitants. La rétribution du service administratif sera donc la seule dépense importante qui sera imposée à l'*Assurance coopérative*.

Nous devons aussi signaler, parce qu'ils auront aussi une certaine importance à cause de cette organisation spéciale, les frais d'impression et de correspondance.

L'*Assurance coopérative* réalisera-t-elle les mêmes bénéfices qu'une autre Compagnie ?

Oui, l'*Assurance coopérative* réalisera les mêmes bénéfices et même des bénéfices plus élevés si — ce que votre Commis sion conseille, au moins pour la période de début — les mêmes primes sont appliquées.

Pour première cause, nous avons la suppression complète des commissions et une certaine diminution des frais généraux, d'où économie, par conséquent : bénéfice.

En second lieu, nous comptons sur une somme de sinistres un peu au-dessous de la normale, ainsi que nous nous en expliquions tout à l'heure.

Pour la branche Incendie, notre affirmation s'appuie sur un exemple indiscutable. Nous avons appelé votre attention, pendant le développement de notre travail de statistique, sur la *Paternelle* (voir tableaux n° 1 et 2, ligne 9) qui est celle des Compagnies accusant les plus gros bénéfices par rapport aux primes encaissées depuis quatre ans. En effet, la moyenne des années 1895-96-97 des sommes distribuées aux actionnaires. est de 23 % des primes encaissées, et de 24 % en 1898, alors que la moyenne pour tous les autres n'est que de 16 % ; les sinistres n'ont été pour cette Société. en 1898, que 34 % du montant des primes, alors que la moyenne est de 53,90 % pour les autres Compagnies. C'est-à-dire que la *Paternelle* se trouve au rang des privilégiées, et l'ensemble des opérations de ces quatre dernières années lui donne même la première place.

Or, la *Paternelle* s'est assuré, moyennant un courtage élevé, et depuis quelques années seulement, le concours de l'administration Dufayel.qui fait ainsi de l'assurance, dont les primes se paient à la semaine ou au mois. Il est donc permis d'affirmer que la clientèle de la *Paternelle* est celle qui·se rapproche le plus de celle que réunira généralement l'*Assurance coopérative* : employés, ouvriers, petits cultivateurs. Nous pouvons donc compter sur la même prospérité.

Quant à la Branche Accidents, nous croyons son exploitation un peu moins sûre au point de vue des bénéfices, plus difficile à pratiquer à cause de la fréquence et de l'importance diverses des sinistres, des différences si marquées des tarifs selon qu'il s'agit de telle ou telle profession exercée dans telles ou telles conditions; cependant, en tenant compte de ce que la plus grande partie des risques seront des risques peu dangereux, étant donné qu'ils comprendront en majorité les employés des Coopératives de consommation, nous sommes fondés à dire que, comme les Compagnies capitalistes, notre organisation réalisera, dans cette branche, des bénéfices encore importants.

D'ailleurs, là aussi, nous avons moins de frais en perspective et, de plus, avantage considérable sur les autres Compagnies, nous ne serons pas obligés de courir après la clientèle.

Le rôle des administrateurs de la Branche Accidents sera tout particulièrement délicat, car ils auront à se montrer, non seulement bons gérants de la chose sociale, mais surtout répartiteurs clairvoyants et justes, toujours humains, des indemnités à distribuer à leurs camarades malheureusement frappés dans leur labeur.

Nous croyons avoir suffisamment démontré, camarades, la possibilité pour l'*Assurance coopérative* de passer du rêve à la réalité. Mais il faut les capitaux, où les trouver ?

La Société une fois constituée, il faut la défendre, il ne faut pas la laisser exposée à passer, au moyen d'un jeu d'actions, sous la direction absolue de telle ou telle organisation ou, même, tomber entre les mains de capitalistes.

A ceci nous répondrons, quant à la formation du capital, en reprenant une proposition qui avait été adoptée par la Commission précédente et qui consistait à souscrire, par chaque organisation, un certain nombre d'actions, à raison de 2 fr. par membre, par exemple (ce chiffre pouvant varier), de sorte qu'une Société comptant 100 membres souscrirait 200 francs, soit deux actions de cent, dont le quart immédiatement exigible. Le reste serait appelé suivant les besoins.

Enfin, pour la garantie des premiers sinistres, il n'est pas exagéré d'évaluer à 100.000, au moins, le nombre des coopérateurs syndiqués ouvriers, agricoles ou vinicoles (petits exploitants, bien entendu), qui adhèreront, dès la première année, à l'assurance coopérative. En estimant à 4 francs le montant de la prime nette, *payable d'avance*, on réunira aussitôt une somme de 400.000 francs, largement suffisante pour couvrir les sinistres de première année qui pourraient se produire, ainsi que les frais, le capital versé restant en réserve. Étant donné, bien entendu, que les gros risques, magasins et sièges ne seront garantis que lorsqu'un fonds de réserve suffisant sera constitué. Ceci, dit plus particulièrement pour l'Incendie, peut également s'appliquer à la Branche Accidents.

. Nous estimons qu'au bout de quelques années la moitié au moins de nos camarades, alors organisés (3oo.ooo au bas mot), auront adhéré à l'*Assurance Coopérative* ; ce sera alors *annuellement* quinze cent mille francs, 2 millions peut-être de primes encaissées, dont un tiers, au moins, la moitié,espérons-le, pourra servir à l'œuvre d'émancipation sociale que nous rêvons.

Pour éviter, enfin, l'accaparement de l'*Assurance Coopérative*, le règlement dit quels peuvent les souscripteurs, le nombre d'actions qu'ils peuvent posséder, dans quelles conditions elles pourront être souscrites ou cédées. En un mot, par une réglementation à côté des statuts, il est facile, croyons-nous, de faire vivre l'*Assurance Coopérative* d'accord avec la loi, et surtout avec nos principes humanitaires, coopérateurs et socialistes.

Entrant enfin dans les vues de sa commission, la Bourse coopérative des Sociétés ouvrières de consommation a, dans son assemblée générale du 3 mai courant — à laquelle plusieurs Syndicats et Société coopératives de production étaient représentés — constitué définitivement l'*Assurance Coopérative et Syndicale* (assurance à primes fixes). Seize membres fondateurs ont été élus avec mission de remplir les formalités légales nécessaires et de, composer les Commissions administrative et de contrôle.

Tous les militants, coopérateurs et syndiqués socialistes, qui ont suivi les efforts faits par la Bourse coopérative, applaudiront au résultat obtenu : l'œuvre étant appelée, dans l'esprit de ses initiateurs, à aider prodigieusement à l'émancipation économique du prolétariat.

L'*Assurance Coopérative et Syndicale* comprendra les deux branches : Incendie et Accidents, mais la première seule sera exploitée dès le début.

La branche Incendie présente en effet toutes chances de réussite; il lui suffit d'un capital de fondation relativement peu important : 200.000 francs, dont le quart, soit 50.000 francs, immédiatement exigible. — Ainsi que nous l'avons dit déjà, la branche Accidents, d'une exploitation plus difficile, entraîne, au contraire, outre la constitution d'un capital spécial, le versement du cautionnement de 400.000 francs imposé par la loi du 9 avril 1898. Cette seconde branche ne pourra être exploitée qu'au moment où les réserves procurées par la branche Incendie auront acquis une importance suffisante pour effectuer ces gros versements.

Afin de ne pas voir disparaître dans un grand sinistre, et dès les premiers jours de son existence, son capital de fondation, la nouvelle Société n'assurera, en principe, que les risques des particuliers, c'est-à-dire qu'elle ne garantira que les mobiliers ou les petits bâtiments appartenant aux membres des organisations ouvrières, puis, au fur et à mesure de l'augmentation de ses réserves, elle assurera les bâtiments, magasins ou ateliers coopératifs et syndicaux peu importants,

pour arriver progressivement à couvrir les plus gros risques
(peut-être, malgré certaines difficultés qu'il est aisé de comprendre, pourra-t-on pratiquer le système de la réassurance).

Nous avons, croyons-nous, démontré surabondamment que
notre Société d'assurance était appelée, tant par sa constitution très particulière, que par sa clientèle spéciale, à réaliser
des bénéfices plus élevés encore que ceux des Compagnies
capitalistes, toutes proportions gardées, bien entendu. Nous
tenons cependant à indiquer l'emploi des capitaux considérables que mettra peu à peu entre les mains du prolétariat
organisé l'assurance coopérative et syndicale.

Les bénéfices ne seront pas distribués aux actions, qui
recevront seulement l'intérêt des sommes qu'elles représenteront. Une combinaison spéciale permettra de donner satisfaction sur ce point et à la loi qui exige que les bénéfices
soient répartis, et aux fondateurs qui veulent, au moyen de
l'assurance, créer enfin la caisse ou la Banque syndicale et
coopérative.

Cette caisse, gérée par une commission prise parmi les
trois sortes d'organisations économiques, coopératives de
consommation, coopératives de production et Syndicats, recevra en dépôt les bénéfices nets réalisés par l'assurance et,
après enquête, les attribuera à titre de prêts, remboursables à
.époques déterminées, aux organisations naissantes, à celles
déjà fondées, mais qui attendent un peu d'aide pour se développer, ou aux Syndicats qui voudraient créer, pour être
exploitées par leur personnel, des industries de leur profession.

Nous estimons que c'est surtout vers la production que
devront porter plus particulièrement les efforts et les sa-
crifices.

Nous sommes arrivés au moment où, il devient indispensable pour le Prolétariat, s'il veut réellement s'affranchir, de

lutter contre ses exploiteurs sur leur propre terrain. A leurs capitaux, nous opposerons les nôtres, grapillés, réunis partout, en toutes circonstances, et sou à sou. Les sources sont nombreuses, la rivière se formera bientôt et, devant les usines capitalistes, nous aurons les usines coopératives.

Qu'on nous permette ici une petite digression. L'idée lancée par notre camarade Bagnol, dans un de ses récents articles, est à retenir : les inventeurs ouvriers et sans ressources sont toujours dépouillés par les agences de prises de brevets pour le seul profit de quelques gros capitalistes ; désormais, lorsqu'un travailleur présentera une création d'un réel intérêt, il pourra être encouragé, soutenu, et, après loyale entente, *l'invention sera exploitée en commun au profit de la masse.* De sorte que, non seulement les capitalistes perdront les gros bénéfices qu'ils savaient tirer de l'intelligence et du travail d'autrui, mais encore les améliorations au machinisme, les industries nouvelles leur échappant, leurs usines se trouveront bientôt dans un état d'infériorité tel qu'il leur deviendra impossible de lutter contre les usines ouvrières.

Enfin, lorsque les fonds de réserve accumulés dans la caisse spéciale auront acquis un grand développement, les sociétés coopératives, les syndicats pourront y déposer les sommes momentanément sans affectation qu'elles confient, à l'heure actuelle, aux banques capitalistes qui, elles, les emploient à l'agiotage, c'est-à-dire contre le prolétariat. Ces sommes ainsi déposées à la Banque syndicale et coopérative — et largement garanties — serviraient encore à étendre le champ de ses opérations et à augmenter sa force créatrice d'œuvres ouvrières.

Il reste maintenant à donner quelques explications sur le fonctionnement prévu de l'*Assurance coopérative syndicale.*

Le siège social est à Paris, au Palais du Travail. A côté du Conseil d'administration, composé de camarades des organisations ouvrières, chargé de veiller au bon fonctionnement de l'entreprise, une administration technique doit être organisée et nommée par le Conseil d'administration et d'assurance. A la tête de cette administration technique sera placé un directeur, autant que possible partageant vos idées, connaissant à fond le fonctionnement intérieur et extérieur des Compagnies d'Assurances. Le directeur devra faire établir, d'accord avec le Conseil d'administration et les compétences qui seront appelées, une comptabilité claire et d'une exactitude rigoureuse. Au directeur, seront adjoints les employés nécessaires.

Tous les travaux d'écriture seront faits au siège de l'administration, mais les organisations ouvrières (coopératives et syndicats) seront appelées à prêter leur concours en remplissant en quelque sorte auprès de leurs membres le rôle que les agents des compagnies remplissent auprès de leurs clients : chaque fois qu'un coopérateur ou un syndiqué voudra se faire assurer ou apporter un changement à une assurance en cours, il s'adressera au siège de son association ; le comptable ou le secrétaire établira une proposition contenant un questionnaire aussi simplifié que possible, et adressera cette proposition à la direction de l'assurance. Cette dernière dressera aussitôt la police ou l'avenant qui sera retourné ensuite au siège de la Société pour être remis à l'intéressé. Les quittances de primes pourront être aussi encaissées par les organisations ouvrières.

Une indemnité sera versée aux sociétés qui accepteront d'être les correspondantes de l'assurance et qui en feront la demande.

Une société coopérative ou un syndicat non adhérent pourra néanmoins servir d'intermédiaire entre ses membres et l'assurance. De même, les syndiqués ou coopérateurs, dont les organisations ne seraient pas adhérentes à l'assurance et refuseraient de s'y intéresser, pourront cependant y être assurés. Des dispositions spéciales seront prises dans ce cas pour établir les relations.

Enfin, il pourra être désigné plusieurs camarades qui auront pour mission de visiter les sièges des sociétés afin d'y faire une propagande utile à l'œuvre, d'y donner les renseignements et instructions nécessaires. Ils seront encore chargés de visiter les coopérateurs ou syndiqués isolés, c'est-à-dire ceux qui auront souscrit ou désireront souscrire des polices, mais dont les organisations ne voudront pas intervenir. Ils devront, en un mot, assurer, dans les limites de leurs attributions, le fonctionnement et le développement de l'*Assurance Coopérative et Syndicale*.

CAMARADES,

Nous venons de vous soumettre les points principaux de l'œuvre nouvelle. Nous sommes persuadés que les organisations ouvrières comprendront toute l'importance de cette œuvre et que les délégués de l'assurance qui, prochainement, se rendront auprès des syndicats et des coopératives pour obtenir leur participation, recevront partout le meilleur accueil. Nous avons donc la ferme conviction que le capital nécessaire sera rapidement souscrit.

Nous engageons vivement les délégués présents à ce Congrès et qui ont compris combien l'*Assurance Coopérative et Syndicale* pourra aider à l'émancipation des travailleurs, à faire tous leurs efforts auprès de leurs organisations pour les amener à participer à cette grande œuvre.

Les Rapporteurs :

BÉGUIN, MORDANT.

DISCUSSION

L'Union des Ménagères de Saint-Denis dit qu'avec l'assurance coopérative on pourrait même assurer les sociétaires, partant de ce principe que plus on est nombreux et plus on a d'argent.

Le Viager perpétuel appuie pour fonder l'assurance coopérative.

Le citoyen MAUSS demande si l'assurance doit se fonder sur les fonds des sociétaires dans les sociétés.

Le citoyen BÉGUIN répond qu'on commencera par les sociétaires et ensuite les biens et immeubles des sociétés. *La Paternelle*, dit-il, donne 33 °/₀ sur la prime ; on peut se baser sur elle.

Le citoyen ROLLAND estime que les petites sociétés peuvent s'assurer en attendant que les grandes puissent le faire.

Première proposition. — Il est désirable qu'en principe on admette dans l'Assurance coopérative une branche spéciale pour la « Retraite pour la vieillesse ». — Signé : Maria Vérone (*La Ménagère*, du XVIIᵉ); E. Lanecruse (*La Ménagère*, du XVIIᵉ; Henri Bagnol (*Le Chêne*); Ch. Michel (*Coopérative*, Choisy-le-Roi); Rebins (*Maison du Peuple*), Paris.

Le citoyen BÉGUIN. — Il faut 50.000 francs en espèces pour fonder l'assurance, d'après les études faites ; il est impossible d'assurer de gros immeubles où on courrait de gros risques ; une circulaire sera envoyée aux sociétés, leur demandant à quelle époque finissent leurs contrats.

Le citoyen CARILLON *(Moissonneuse)*. — Le rapporteur se leurre en disant qu'il ne faut que 50.000 francs pour fonder l'assurance ; il faudrait au moins 300.000 fr. pour ne pas avoir à craindre de gros sinistres.

Le citoyen BÉGUIN remercie Carillon des conseils qu'il veut bien lui donner, mais ce n'est pas la question : on ne dit pas qu'on assurera pour commencer les accidents ni les gros immeubles ; à Paris, il y a 100.000 coopérateurs qui s'assureront, en province également ; il y aurait de ce fait un bénéfice énorme : un an après, on pourrait commencer la branche Accidents.

Le citoyen MAUSS. — Il est des quantités de camarades coopérateurs qui ne sont pas assurés et qui n'y pensent pas : les autres, ceux qui y pensent, ont des contrats ; il faudrait savoir à quelle époque ces polices finissent. Une bonne propagande serait salutaire.

Le citoyen CARILLON. — Je vous mets en garde contre l'emballement. La foule a besoin d'être éduquée et, pour l'amener à l'assurance, il faudrait d'abord la rendre coopérative.

Le citoyen JULLIEN *(Maison du Peuple*, Boulogne). — Je crois également que le rapporteur se leurre : néanmoins il faut approuver l'idée de l'assurance coopérative. Il en développe les avantages et les inconvénients ; en tout cas l'assurance sera avantageuse pour les petites sociétés.

Le citoyen BAGNOL. — Je ne m'explique pas le pessimisme de certains camarades. Il est bien entendu qu'il y a des difficultés pour créer une œuvre semblable, mais tout ce que le prolétariat crée n'est-il pas sujet à toutes sortes de difficultés ? Il faut appuyer le rapport de la commission et louer la Bourse coopérative de son initiative.

Le citoyen GUILLEMIN. — Je m'explique les appréhensions de nos camarades. En effet, pour l'administrateur d'esprit terre à terre, ce qu'il faut tout d'abord, c'est le moyen d'aboutir à l'œuvre ; mais, ce moyen que vous, camarades, vous cherchez en vain, il faudrait cependant arriver à le créer.

Nous sommes tous d'accord sur ce point, que, faute de capitaux, les œuvres sociales enfantées par les militants restent presque toujours lettre morte.

On vous a indiqué avec des chiffres à l'appui quels sont les bénéfices réalisés par les Compagnies d'assurances, on vous a dit également que l'accumulation des bénéfices servirait à constituer la Banque coopérative. Quand on songe que des actions émises à 1000 fr. valent aujourd'hui 37.000 fr., quand on jette un coup d'œil sur les constructions luxueuses que les dites Compagnies font élever dans les quartiers les plus riches de Paris et que l'on songe que cela sort en partie de notre poche, — nous serions des....: naïfs, si nous continuions à porter dans la poche des capitalistes de l'argent qui serait si bien dans la nôtre.

Nous sommes tous d'accord dans la question de principes. Déjà l'*Économie parisienne* a voté 15 actions, l'*Avenir* de Vaugirard en a voté 30, la propagande va se faire, et, d'ici quelques années, nous aurons la satisfaction de dire, comme pour la Verrerie ouvrière, comme pour le Pavillon syndical et coopératif, etc. : « Encore une œuvre debout. Nous étions du début ; on ne nous a pas toujours encouragés ; on ne nous a pas ménagé les épreuves ; tant mieux, car, quand une œuvre ouvrière résiste à tous les assauts que lui livrent la bourgeoisie, jalouse de ses privilèges, et le prolétariat inconscient de son rôle dans la société, c'est que cette œuvre est mûre, c'est qu'elle arrive à point de par l'évolution naturelle des choses et des événements. » L'*Assurance* arrive à son tour: il faut la créer, ou, du moins, il faut la soutenir, car elle existe, elle est constituée : c'est une œuvre nouvelle, c'est un des outils qui servent à l'expropriation capitaliste. A tous ces points de vue nous devons appuyer et voter l'assurance coopérative.

On passe ensuite à la nomination de la commission des résolutions. Sont nommés : ROLLAND (*Bellevilloise*), CARILLON (*Moissonneuse*), SCHNEIDER (*Palais du travail*), DELORY (*Fédération du Nord*), MORDANT (*Émancipation*, XVIIIe), JULLIEN (*Maison du Peuple*, Boulogne), BOMBECKE (*Maison du Peuple*, Bruxelles). LEFÈVRE (*Avenir* de Vaugirard, ANTON (Espagne), COTTE (*Égalitaire*). JEANGERARD (*Revendication*), — à l'unanimité.

A ce moment le citoyen DELORY prend la parole. Il dit que les délégués de la région du Nord se sont réunis et qu'ils ont décidé de payer autant de fois 5 francs qu'ils représentent de sociétés au-dessous de 500 membres et 10 francs pour celles au-dessus, à condition qu'ils puissent voter pour ces 17 sociétés. Nos sociétés dans le Nord sont socialistes ; nous assistons à un congrès socialiste ; en nous conformant au règlement établi par la Bourse coopérative, nous devons avoir le droit de voter.

Le citoyen BÉGUIN appuie très vivement les paroles de Delory.

Deuxième proposition. — L'*Avenir* du Haut-Montreux propose que chaque délégué représentant plusieurs sociétés ait droit à autant de voix qu'il représente de sociétés.

Signé : GROSDIDIER.

Troisième proposition. — BÉNARD, de Plaisance, propose que les camarades du Nord représentant 80 sociétés aient autant de mandats qu'ils représentent de sociétés ayant fait leur adhésion au Congrès.

Le citoyen DODIER (*La Famille*) demande qu'en ce cas on limite les votes à 20 sociétés, car, de ce fait, l'Espagne qui représente 80 sociétés aurait 80 voix, et l'Italie en aurait 450, tout en n'ayant versé que pour une voix.

Le *Viager perpétuel* voudrait que les délégués votent avec un mandat impératif.

Le citoyen DELORY combat le mandat impératif; il ajoute que l'on pourrait voter par correspondance. Si en Italie, dit-il. il y avait un Congrès international, la France, qui peut déployer tous ses moyens cette année parce qu'elle est chez elle, ne le pourrait pas en ce cas. Il faut bien dire aussi qu'une Société de 5.000 membres a plus de poids qu'une Société de production de 5 à 6 membres.

Le citoyen MAUSS (au nom de l'Espagne). — L'Espagne représente 2 Sociétés et une fédération ; elle ne demande que les voix pour lesquelles elle a souscrit.

Le citoyen PERNELLE (*Fédération ardennaise*) consent à n'avoir qu'une voix.

Il est décidé que toute Société ayant payé son adhésion au Congrès aura droit de vote, quel que soit le nombre de voix que représente le délégué.

L'incident est clos sur cette décision.

Le citoyen HAMELIN lit une proposition tendant à ce que les Sociétés de production se réunissent le lendemain à 8 heures.

Le citoyen JÉGOUX (*Famille rennaise*) demande que le rapport sur la coopération socialiste soit lu le lendemain matin à 9 heures ; l'après-midi, la discussion sera plus intéressante.

Le citoyen BERTRAND (*Avenir des Béatus*) combat cette proposition.

Le citoyen GUILLEMIN. — Citoyens, vous savez que nous avons tenu à ce que notre Congrès soit public. Si aujourd'hui il y a peu d'auditeurs, cela tient à ce que nos camarades travailleurs sont à l'atelier. mais demain après-midi. nous sommes persuadés que cette salle sera pleine. Il est donc bon de donner à cette séance tout le caractère qu'elle comporte ; on peut le matin traiter de 8 heures à 10 heures en commission de résolution l'*Assurance* et la *Coopérative agricole*; à 10 heures on commencera, et on liquidera ces deux questions.

Les citoyens SCHNEIDER. CAZEBONNE et CARILLON appuient cette proposition.

La proposition GUILLEMIN, mise aux voix. est adoptée à l'unanimité.

Les Commissions se réuniront donc de 8 heures à 10 heures.

Il est fait une communication aux délégués au sujet des logements.

La séance est levée à 6 h. 1/2.

DEUXIÈME JOURNÉE

Dimanche 8 juillet

PREMIÈRE SÉANCE

Présidence du citoyen SAMSON (*Union* de Lille). — Assesseurs : ANSEELE (*Vooruit*, Gand), BONBEECK (*Maison du Peuple*, Bruxelles).

Ordre du jour : Les Coopératives agricoles. Rapporteur : BAGNOL (*Le Chêne*).

Le Président donne la parole au citoyen Bagnol pour la lecture du rapport suivant :

Principe

1° Seront considérées comme adhérentes à la Coopération socialiste toutes les Sociétés de Production en général, agricoles, viticoles, industrielles, commerciales, qui adhéreront aux principes de la lutte de classe, de l'entente internationale des travailleurs et de la socialisation des moyens de production et d'échange.

Des relations entre les Sociétés de Production et de Consommation

Etant donné que tout devoir appelle un droit, les organisations coopératives de Production devront accepter le contrôle des Sociétés de Consommation pour la vérification de leurs bilans, sans que ce droit leur donne le pouvoir de s'ingérer dans la conduite administrative et technique des dites associations.

Par contre, les Sociétés de Consommation devront se fournir exclusivement dans les Sociétés de Production adhérentes aux principes socialistes, à prix et qualités égaux; en cas de tarif de combat patronal, les sociétés continueront à se fournir à la Production.

Répartition des bénéfices nets

25 % à la propagande socialiste pour l'unification du parti socialiste.

25 % à la propagande coopérative faite par l'intermédiaire de la bourse coopérative.

25 % à tous les travailleurs de l'atelier social associé ou non.

25 % à la Caisse de Retraite pour les travailleurs.

Cette répartition ne sera obligatoire qu'à dater du 1ᵉʳ janvier 1901 et aura lieu tous les ans à la même époque et par l'intermédiaire de la Bourse coopérative.

Règlement

En cas de difficulté entre Associations de Production et de Consommation, les dites difficultés seront tranchées par un conseil arbitral composé comme suit :

3 Membres des Associations de Productions,
3 Membres des Coopératives de Consommation.

En cas de partage, le différend sera tranché par une personnalité désignée par le Conseil arbitral.

L'acceptation du présent règlement devra être envoyée avant le 1er janvier 1901 à la Bourse coopérative, après avoir été soumise au Conseil d'administration de chaque société.

Le Secrétaire de la Commission,
CAZEBONNE.

Pour les Vignerons de Damery,
GRIMBERT.

Pour la Verrerie ouvrière,
F. ROCHE.

Pour les Petits vignerons Tonnerrois,
P. THUMEREAU.

Pour la Lutte économique,
CHARPENTIER.

Pour le Viager Perpétuel,
V. BOUTIN.

Pour les Bouchonniers,
H. BAGNOL.

Pour les Sacs en papier,
A. GRISEL.

Pour la Maçonnerie,
FERTAL.

Le rapporteur,
H. BAGNOL.

Le Congrès,

Considérant que, s'il est urgent de régler les rapports des Sociétés de consommation socialistes avec les Sociétés de production socialistes, il est légitime également d'indiquer la voie du Progrès Coopératif,

Décide :

Il y a lieu d'organiser le plus tôt possible la Fédération nationale des coopératives de consommation socialistes, — car seule la Fédération aura la puissance nécessaire pour créer les ateliers les manufactures et les usines qui constitueront la propriété collective du prolétariat tout entier, et qui, employant des travailleurs définitivement affranchis du capitalisme patronal, montreront. dans la Société actuelle, le germe de la future Société socialiste.

Après avoir lu son rapport, le citoyen BAGNOL ajoute que les sociétés de consommation ont montré les sentiments de solidarité qui les animaient en sauvant la Verrerie ouvrière du naufrage et de la ruine, en lui prêtant des sommes importantes, en lui créant des débouchés chez elles et en obligeant les fournisseurs à les fournir dans les litres de la Verrerie ; elles doivent continuer cette tradition en faisant pour les autres organisations productrices ce qu'elles ont fait pour l'usine d'Albi. *(Applaudissements).*

Le citoyen MAUSS *(La coopération socialiste).* — Je suis, quant au fond, et pour l'heure présente, d'accord avec le citoyen Bagnol. Mais je pense qu'il faut élargir le débat, et traiter non plus la question locale, mais, puisqu'on est dans un congrès général et international, la question générale. Or, au point de vue socialiste, ouvrier, coopérateur, la question est tranchée par l'expérience autrement que le rapport ne propose de la trancher.

En Angleterre aussi, dès l'origine de la Fédération des coopératives, on a rencontré, éparses dans le pays, un assez grand nombre de coopératives de production, mais, au lieu de développer l'association de producteurs, les coopérateurs anglais ont développé le magasin et l'atelier coopératifs, propriété des sociétés ouvrières de consommation. Ils sont de la sorte arrivés, comme on le désire ici, à mettre le consommateur ouvrier en rapport direct avec le producteur ouvrier, puisque celui-ci, de salarié qu'il était, est devenu employé, fonctionnaire des coopératives de consommation. La Fédération anglaise est, de la sorte, arrivée à de magnifiques résultats. (Le citoyen Mauss cite ici quelques chiffres).

Toute proportion gardée, les camarades belges ont un peu procédé de même, lors de la formation de la laiterie coopérative d'Herffelingen, faite sous les auspices et la direction, et au bénéfice de la Maison du Peuple de Bruxelles.

En somme, l'expérience est en faveur de l'atelier coopératif et non pas en faveur de la coopérative de production.

Il y a d'ailleurs à distinguer la production industrielle et la production agricole.

Pour la production agricole, actuellement, il faudra probablement que les coopératives de consommation aident et forment des coopératives de producteurs. Mais cela provient de ce que le producteur paysan est propriétaire de ces terres. Pourtant, même encore sur ce point, il est impossible aux Sociétés de consommation d'accepter purement et simplement les conclusions du rapport. Ces Sociétés doivent être consultées sur la formation et le fonctionnement des organisations agricoles. Ainsi, pour la coopérative de Gueugnon, on eût dû leur demander leur avis, avis qui eût peut-être été négatif, car les conserves que Gueugnon veut vendre deviennent chaque jour d'un moindre débit. Il faudrait aussi que les viniculteurs consultent les Sociétés avant de s'organiser, car les vins peuvent être très bons, mais trop chers pour être vendus au prix nécessaire dans les Sociétés.

Pour la production industrielle, mon avis est plus net. C'est l'atelier, la grande usine qu'il faut aux coopératives de consommation. En attendant, les coopératives fédérées doivent avoir un droit d'administration, et non pas seulement un droit de contrôle. Car autrement, toutes les corporations formeront des coopératives de production que les Sociétés ne pourront soutenir. Il y aura du désordre et du temps perdu. On fabriquera des articles qui ne peuvent être débités dans les Sociétés, qui ne sont pas objet de consommation constante ouvrière. On aura des stocks et des faillites. Je suis d'avis que nos efforts en ce qui concerne la production doivent être concentrés sur ce que nous pouvons produire nous-mêmes, dans nos industries fédératives.

En somme, je demande au Congrès d'accepter la conclusion du rapport Bagnol. mais de bien marquer qu'il ne considère ces actes actuels que comme marquant une phase de transition vers l'atelier coopératif fédéral.

Le citoyen ROCHE (*Le Marais*). — Il est important de trancher la question et d'établir des relations sérieuses entre la production et la consommation. Il ne faut pas laisser aux éléments nouveaux la direction technique, attendu que certaines coopératives industrielles ne peuvent lutter contre le patronat ; c'est pourquoi l'entente est désirable.

Le citoyen AUBRIOT demande qu'on limite la parole à 10 minutes. (*Adopté*).

Le citoyen BERTRAND (*La Dionysienne*). — Je suis absolument d'avis que la partie technique soit laissée aux techniciens pour la production, car. si nous prenons l'agriculture par exemple, il y a des complications que seuls les hommes des champs connaissent ; il faut parfois compter avec les exigences de la température pour exécuter certains travaux, et je ne vois pas un administrateur de la ville, si intelligent soit-il, venir diriger un travail de culture, auquel il n'entend rien. « Chacun son métier, les vaches seront bien gardées », dit le proverbe. C'est exact.

Un fait entre autres. On a la toquade de créer des boulangeries partout. On vient de constituer la Boulangerie Socialiste au XIIIe arrondissement. C'est là une œuvre fort intéressante et éminemment coopérative, que nous devons tous acclamer : mais personne ne songe au Moulin coopératif, et cependant, en faisant la meunerie et la boulangerie ensemble, vous supprimez le plus gros intermédiaire, le meunier, et, avec ce moulin, vous entrez directement au centre de la production agricole de la France, les céréales. On devrait, avant toute chose, créer le Moulin coopératif : c'est le commencement ; on fait des boulangeries : c'est la fin. On commence par la fin, et il faut retourner en arrière.

Le citoyen ROLLAND (*Bellevilloise*). — Les idées émises sont excellentes, mais ce qui manque, c'est l'argent. Vous venez de constituer l'assurance, elle vous rapportera des bénéfices, et vous monterez non seulement le Moulin coopératif, mais encore d'autres usines aussi utiles. Consolidons ce qui existe, et attendons patiemment. La patience est la vertu des forts.

Le citoyen BOUTIN (*Viager perpétuel*). — On dit bien que les coopératives de production devront vendre à prix égal pour avoir la fourniture des coopératives de consommation, mais l'on oublie de dire que l'on exige des sociétés de production des charges que l'on n'exige point du patronat. En principe, les travailleurs doivent être bien payés. Au *Viager perpétuel* toutes les industries sont en commun ; nous avions constaté que les ouvriers agricoles étaient les plus malheureux parce que, absorbés par un travail qui les tient éloignés de toute communication, ils ne peuvent suivre assidûment les progrès réalisés par l'effort de leurs frères de l'industrie; si l'on décentralisait les industries de Paris, pour les transférer à la campagne, cela serait d'un effet salutaire.

Le citoyen MALBRANQUE (*Union* d'Amiens). — Est-ce qu'en laissant la direction technique aux industries agricoles, ces dernières accepteraient?

Le citoyen MAUSS (*Coopération socialiste*). — La commission a seule qualité pour savoir ce qu'il y a à faire à ce sujet.

Le citoyen CAZEBONNE (*Vignerons*, Damery). — Je ne vois pas d'inconvénient à ce que la consommation dirige la production, mais il faudrait pour cela qu'elle en soit la propriétaire ; or, les 3/4 des coopératives sont entre les mains des capitalistes.

Le citoyen CARILLON (*La Moissonneuse*). — Je demande qu'on ajoute à la commission d'arbitrage trois délégués de la Bourse coopérative. De plus, je suis d'avis que la consommation doit administrer la production.

Le citoyen DULUCQ (*Maison du Peuple*. Paris). — Je ne crois pas que le Congrès puisse trancher la question, ni prendre de décision. D'ailleurs, il n'y a pas beaucoup de Sociétés de production prospères (*Protestations*). C'est préjuger que de vouloir imposer une réglementation à quelque chose qui existe si peu.

Le citoyen THUMEREAU (*Vignerons tonnerrois*). — Citoyens, la solidarité doit unir les bonnes volontés. S'il est indispensable que la consommation administre la production, elle peut devenir propriétaire de la récolte ; là nous n'aurons qu'à approuver ce contrôle. Comment voulez-vous forcer l'égoïsme du paysan à disparaître si vous ne lui donnez pas les garanties suffisantes pour

écouler sa récolte ? Quand nos petits vignerons ont bien
sué et peiné pendant toute une année et qu'ils voient
arriver d'une part les maladies de la vigne. d'autre part
les intempéries des saisons et. pour clore tous ces fléaux.
le pire de tous, le commissionnaire en vins. que voulez-
vous qu'ils fassent ? Se voyant lâchés de tout et de tous.
ils essayent de se rattraper où ils peuvent. Il ne faut pas
trop leur en vouloir pour cela. pas plus qu'il ne faut en
vouloir aux coopératives de ne pas nous acheter nos
récoltes et de nous obliger par leur indifférence à passer
par les intermédiaires.Ce sont les conditions sociales dans
lesquelles nous vivons qui nous y obligent. Partout. de
quelque côté que l'on se retourne, l'on ne voit que men-
songe et malhonnêteté. Eh bien. les coopératives ont une
belle œuvre morale à remplir : c'est de se substituer à tout
cela et de pratiquer la solidarité et surtout l'honnêteté.
Ce faisant. vous rendrez le paysan moins égoïste et vous
aurez contribué largement à l'avènement du socialisme.
(*Vifs applaudissements*).

Le citoyen GUILLON (Galochiers d'Amboise). — Je
partage complètement l'avis du camarade Thumereau.
Notre Société à Amboise a été formée sous l'égide et la
direction des syndicats et des coopératives de notre région.
Les patrons de notre pays. offusqués déjà que nous ayons
monté cet atelier coopératif, ont jeté le masque après les
dernières élections municipales. Lorsque, un camarade et
moi, nous avons été élus sur la liste socialiste, on nous a
renvoyés. Eh bien. nous venons demander à nos frères des
coopératives parisiennes de nous soutenir en nous écoulant
nos produits. Autrement notre petite œuvre croûlera, et
nous serons obligés de fuir honteusement sous les risées

de nos adversaires, ou bien de rentrer à l'usine, où la vie ne sera plus qu'un enfer. Nous souscrivons des deux mains aux principes socialistes, sachant fort bien que c'est au socialisme seul que nous, travailleurs, nous devons avoir recours, et si de votre côté vous nous écoulez nos produits qui sont notre gagne-pain, nous vous rendrons, en affectant à la propagande une partie de nos bénéfices, notre quote-part de solidarité commune. (*Applaudissements*).

Le citoyen SCHNEIDER (Palais du travail) dit qu'aussitôt que le Palais sera terminé, il y aura une salle d'exposition permanente pour les Sociétés de production, où elles pourront exposer leurs produits.

Le citoyen COTTE (*Égalitaire*). — Le rôle du contrôle des coopératives dans la production sera surtout de veiller à la bonne façon, les Sociétés de production devant avoir pour principe essentiel de faire du travail fini et soigné : ce qui d'une part assurerait la réputation et la valeur des produits fabriqués, en même temps que les travailleurs organisés donneraient ainsi une excellente réputation à notre industrie nationale, ce qui, pour les futures relations internationales, serait d'un excellent effet.

Le citoyen ANTON (Espagne). — Je remercie les Français des marques de sympathie et de la courtoisie qu'ils m'ont données ; je n'attendais pas moins de cette belle nation, sœur de la mienne. (*Applaudissements*). Si j'éprouve quelques difficultés à parler votre belle langue, vous m'en excuserez ; je ferai néanmoins tout mon possible pour être bref. On n'a pas suffisamment parlé des relations internationales. Le rapport et presque tous les orateurs se localisent, chaque Société parle de son organisation particulière, et l'on n'étend pas suffisamment la question. Si je suis venu à votre Congrès, c'était avec l'intention de nouer des relations internationales au point de vue commercial d'abord, socialiste ensuite. Ce n'est pas encore possible cette année, mais il faut étudier la question de très près ; il y a utilité à fonder un bureau central de transactions, qui relierait les Fédérations régionales.

Le citoyen JEGOUX (Famille Rennaise), appuie le rapport de la commission et demande qu'on le mette aux voix.

Le citoyen BAGNOL, rapporteur, tient à protester contre le délégué de la Maison du Peuple de Paris, qui prétend que les Sociétés de production ne prospèrent pas.

Aucun orateur ne demandant plus la parole, le rapport de la commission est mis aux voix et adopté à l'unanimité.

Suivent les propositions.

L'*Alliance*, association des ouvriers serruriers, dépose le projet de résolution suivant.

Les Sociétés coopératives de consommation réunies au Congrès de 1900 décident que :

Dorénavant elles ne feront exécuter leurs travaux que par les coopératives de production qui sont établies sur des bases socialistes et n'ayant pas en vue l'établissement du patronat collectif.

Une commission d'admissibilité sera nommée dès aujourd'hui.

Pour l'Alliance des serruriers.

Le Délégué,

Daniel BEYLARD

Adopté.

Les délégués de la *Bellevilloise* proposent :

Que toutes les coopératives n'emploient dans leurs travaux, adjudications ou autres, que des sociétés coopératives ou, à leur défaut, que des entrepreneurs payant les prix de séries.

ROLAND et COLIN.

Adopté.

Le Congrès décide :

A égalité de qualité et de prix, les Coopératives de consommation devraient s'approvisionner exclusivement aux Sociétés de production.

VIGNERONNE et MAUDRAL
(Moissonneuse).

Adopté.

Les délégués s'engagent à faire tous leurs efforts — même à prix plus élevé, mais à qualité égale — pour que leurs Sociétés respectives s'approvisionnent aux Sociétés de production.

VIGNERONNE et MAUDRAL
(Moissonneuse).

Adopté.

Le Congrès, tout en reconnaissant que la Coopération n'est qu'un moyen d'amener l'émancipation ouvrière, qui ne peut être complète que par la socialisation de tous les moyens de production, a la certitude que cette forme d'association, si elle est organisée sur le principe socialiste, peut, surtout dans l'anarchie de la production capitaliste de nos jours, amener pour les travailleurs une amélioration sérieuse ;

Invite les paysans à créer des syndicats agricoles sur les bases socialistes.

Pour faciliter cette tâche, un bureau de statistique organisé par la Bourse Coopérative donnera dans le journal la quantité et qualité des produits de la terre dont elle a l'écoulement, afin que les producteurs du sol sachent bien que, par l'union des travailleurs de l'atelier, de l'usine et du sol, nous préparons en commun l'avènement de la République sociale.

Le 9 Juillet 1900.

La Commission de résolution :

Le Président,   Le Secrétaire rapporteur,

J. LEFÈVRE,   .   JEANGERARD,

de l'Avenir de Vaugirard.   Revendication, Puteaux.

Pour l'Égalitaire, E. COTTE.

Adopté.

(Compte-rendu sténographique)

La séance est ouverte à 2 heures 1/2.

Le citoyen GUILLEMIN demande à l'assistance d'envoyer un nom pour la Présidence.

Le citoyen ANSEELE (*Vooruit*, Gand), est élu président à l'unanimité.

Le citoyen GUILLEMIN. — Si vous voulez, nous allons composer le bureau des autres délégués étrangers qui sont à ce Congrès.

Des camarades demandent qu'une place soit faite au bureau aux délégués de province.

Le citoyen DELORY, dont le nom est mis en avant, a déclaré précédemment ne pas vouloir faire partie du bureau, pour pouvoir prendre librement part à la discussion.

Le citoyen GUILLEMIN. — La *Famille Rennaise* est une Société socialiste de Bretagne. Vous savez qu'il n'y a pas beaucoup de socialistes dans ces pays de l'Ouest. Il serait bon de rendre justice à nos bons camarades de Bretagne, en nommant comme assesseur le citoyen JEGOUX.

Il est ainsi fait.

Le citoyen JEGOUX est nommé premier assesseur.

Le citoyen ANTON, délégué de l'Espagne, est nommé deuxième assesseur.

Le citoyen JEGOUX s'installe provisoirement à la présidence, en attendant le citoyen Anseele.

On procède à l'appel des délégués et on déclare que le vote aura lieu par cartes.

ANSEELE vient prendre sa place de président et son arrivée est saluée par de nombreux applaudissements.

Le citoyen ANSEELE. — Citoyennes et citoyens, je vous remercie de tout cœur de m'avoir nommé Président de ce Congrès. et je donne tout de suite la parole au citoyen Guillemin pour lire son rapport sur la *Coopération Socialiste*.

Le citoyen GUILLEMIN. — On ne saurait trop noter que c'est le premier Congrès socialiste qui se tient en France, et je vous prie d'écouter attentivement le rapport que je vais lire et qui a été étudié non moins attentivement par la commission nommée par la Bourse Coopérative, et je crois qu'une fois que la lecture vous en sera faite vous serez tous édifiés sur ce que les coopérateurs veulent, et je suis persuadé que de ce Congrès sortira quelque chose d'efficace pour l'émancipation des travailleurs.

RAPPORT SUR LA COOPÉRATION SOCIALISTE

Origines de la Coopération

La coopération telle qu'on la conçoit au point de vue pratique a eu pour principal et premier novateur Robert Owen.

Celui que l'on a nommé le « Patriarche de la Raison », partant de cette idée, que le mal vient de la concurrence des producteurs entre employeurs et travailleurs, pensa que le

remède serait dans la coopération systématisée ou organisation du travail, de façon à coordonner et à régulariser tous
les efforts.

En un mot, poursuivre, par des moyens transitoires, la
recherche d'améliorations immédiates, ayant pour but l'éducation administrative et l'organisation du Prolétariat, dans le
but d'arriver à l'abolition du salariat avec le concours des
pouvoirs publics d'abord influencés, puis conquis.

Il commença son premier essai dans son usine de Lanark,
où il avait remarqué que les ouvriers s'adonnaient à l'ivro-
gnerie et que ce défaut était dû surtout aux conditions dans
lesquelles vivaient ces travailleurs.

Méfiants par nature, ces derniers n'écoutaient que d'une
oreille distraite les propositions qui leur étaient faites ; il tenta
une démarche auprès d'eux pour gagner leur confiance, et il
leur expliqua son but de les retirer des griffes des intermédiaires intéressés à perpétuer parmi eux ces habitudes à l'aide
desquelles ils les tenaient attachés.

La démonstration était facile : les petits boutiquiers du
village vendaient à crédit des produits falsifiés qu'ils majo-
raient tout à leur aise, étant donné les liens qui attachaient
les habitants à leur établissement.

A côté, il installa des magasins où il avait réparti les principaux articles de consommation : cela constituait déjà un
bénéfice de 25 o/o sur leurs salaires.

C'était de l'initiative intelligente, de la démonstration pratique, amenant des résultats immédiats qui firent comprendre
aux travailleurs leurs intérêts, car cette réforme dans l'économie
de leur budget amenait le coefficient naturel, c'est-à-dire plus
de confort, plus de santé, partant, plus de raisonnement.

Il améliora dans la même commune les conditions d'hygiène
des travailleurs, il contribua à l'éducation et à l'instruction des
enfants, absorbant petit à petit la direction de la commune
selon ses besoins, et utilisant ces derniers à ses moyens.

C'est plein de ces sentiments qu'Owen s'attacha à une suite de démonstrations toutes plus pratiques les unes que les autres.

Il avait réalisé, dans le village de New-Lanark, tout un programme, toute une théorie; cela fit du bruit, on venait le voir de partout.

On voit qu'avec un programme comme celui-là, il n'était pas seulement question de débiter des produits d'alimentation, mais qu'un intérêt supérieur planait au-dessus : le magasin coopératif n'avait été que le moyen, l'aimant pour ainsi dire qui avait attiré le travailleur déprimé à comprendre, à penser, à étudier, à s'organiser.

Owen avait eu conscience que l'entreprise commerciale qu'il tentait devait avoir pour but d'arriver à une réforme sociale, en transformant le système basé sur l'intérêt personnel, mesquin, par un système basé sur l'intérêt collectif, solidaire.

Rien que dans ce programme l'on pourrait résumer le rapport de la coopération socialiste, mais l'on est en droit de se demander pour quelles raisons un mouvement lancé sous d'aussi heureux auspices est resté non pas stationnaire, car nous estimons qu'il a rétrogradé, mais simplement un système d'épicerie transformée, où l'on adore le dieu *prorata*, où, dans certaines circonstances, les grands bagnes capitalistes s'en servent pour attacher l'ouvrier à l'usine, en l'incitant à la dépense par le crédit, etc., etc....

Causes de la déviation du Coopératisme.

Si nous empruntons le passage relatif à la coopération du *Socialisme intégral* de Benoît Malon, nous lisons ceci: « Les Anglais mutilèrent l'idée du maître, en faisant de la coopération un but, quand elle ne saurait être qu'un moyen ». On ne peut contester, malgré cela, les services rendus et la belle organisation des coopératives anglaises. Le *Wholesale* de

Manchester est, au point de vue industriel et commercial, ce qui existe de mieux en Europe.

La bourgeoisie anglaise a créé également au nom de certaines corporations, telles que l'armée, la marine et le service civil, les grandes coopératives bourgeoises qui réunissent une clientèle considérable, celle des serviteurs de l'État et de leurs familles, et qui n'a pour but que d'acheter à bas prix, ce qui n'est pas suffisant. L'impulsion donnée par la démocratie anglaise a été une victoire remportée sur la bourgeoisie et son système.

Si nous prenons la France, nous constatons que la grande partie des sociétés qui se sont créées n'ont eu qu'un objectif : acheter des produits de bonne qualité et se les répartir au meilleur marché possible, pour se répartir ensuite les trop-perçus ; c'est là un cas de déviation majeur, car il se produit ce phénomène, que les conseils, n'envisageant que cette question, épluchent, rognent de toutes façons, pour donner plus de trop-perçus en fin d'exercice ; ce qui devrait être de la bonne administration dégénère presque toujours en exploitation du personnel, ou bien quelquefois à la répartition de denrées de qualités secondaires, de même que le trop-perçu crée chez le sociétaire un sentiment d'égoïsme, qui n'a de comparable que la rapacité du petit boutiquier qui suppute son gain sur la tête du client naïf qui veut bien se laisser faire. (*Applaudissements*).

Il existe même des sociétés qui, tout en donnant un intérêt aux actionnaires, font toucher à ces derniers les trop-perçus des adhérents.

Ça, c'est l'agio, c'est du commerce tout pur !

« Si les coopératives ouvrières devaient être ou devenaient tout simplement des maisons de commerce, tout bon socialiste devrait les combattre. »

C'est ainsi que s'exprime le principal organe de la coopération belge.

Nous partageons entièrement cette manière de voir, car toute coopérative ayant ces tendances est un des principaux facteurs de cette terrible maladie de notre siècle, l'égoïsme.

Le commerce étant un « vol organisé »,chaque société doit s'éloigner tant qu'elle le peut de ce système.

Si nous prenons les soi-disant coopératives dites « économats », nous n'hésiterons pas à qualifier ces institutions de monstrueuses, en ce sens qu'elles servent à annihiler tout esprit de révolte, tout acte de dignité chez le travailleur qui y va.

Un fait entre tant d'autres :

Dans un pays de la Côte-d'Or, il existe une grande usine, dont l'administration a créé une soi-disant coopérative ou économat ; les ouvriers de l'usine sont payés à la quinzaine ; pendant cette période la ménagère peut aller chercher tout ce dont elle a besoin à crédit.

Nécessairement, n'ayant rien à débourser, elle se laisse aller à acheter un peu plus qu'elle ne voulait ; elle réfléchit bien qu'elle fera des économies pour autre chose, mais c'est si difficile d'en faire, avec les faibles ressources que possèdent ces familles ! puis, comment résister à la tentation ? car l'économat tient de tout, et, si aujourd'hui on fait ce que l'on appelle « une folie » — pauvres fous ! — sur le manger, demain ce sera pour l'habillement. Or, quand la paie arrive, l'ouvrier passe à la caisse, il ne lui reste généralement rien ou pas grand chose — il gagne si peu —, car on a soin de retenir la note de l'économat. Alors le lendemain on recommence, et toujours de même.

Comment veut on dans ces conditions que l'ouvrier réclame et se rebelle contre les brutalités d'un contre-maître, ou les exigences d'un patron ? Il a toujours devant les yeux le renvoi qui le mettrait sur le pavé sans le sou, puisque la quinzaine est mangée, sans pain, puisque son crédit serait coupé ; alors on fait des concessions en se promettant bien d'y remédier, mais, quand on a passé quelque temps dans cette atmosphère de veulerie et de lâcheté, toute dignité et toute conscience sont perdues, ce n'est plus un homme qui pense, c'est une brute qui agit. Voilà l'économat ! *(Applaudissements)*.

Ce sont là quelques points entre autres qu'il est bon de signaler, car, avant de guérir la plaie, il faut la mettre à jour, et nous estimons faire de la bonne besogne en signalant au Congrès les causes qui enrayent un mouvement aussi important que le coopératisme.

Nous glisserons sur le manque d'idées de suite occasionné par la fluctuation trop fréquente des conseils d'administration, le manque de confiance des conseils envers le personnel, — ce dernier, en effet, qui est l'élément technique, devrait avoir plus d'initiative pour le service intérieur de la société, — le mauvais mode d'achat, enfin, les intermédiaires parasites qui se collent aux flancs des sociétés et leur sucent le plus clair de leur sang, c'est-à-dire l'argent. *(Applaudissements)*.

Nous pourrions citer encore certaines contrées de France, où les Coopératives soutiennent le petit commerce, parce que derrière il y a la question électorale qui domine ; disons que ces coopérateurs sont peu clairvoyants, car le petit boutiquier n'est ami des socialistes qu'à condition que ça lui rapporte : on les voit cependant assez dans tous les mouvements, (grèves, crises économiques ou politiques), se mettre ouvertement en lutte contre les travailleurs qui sont leur principale clientèle. *(Applaudissements)*.

Il y a bien quelques cas spéciaux, tel celui de la Coopérative de Saint-Juéry (Tarn), qui, montée par la société industrielle du pays, est contre les socialistes, et où les petits boutiquiers, ouvriers chassés de partout, sont avec; mais ce ne sont que quelques cas isolés qui ne changent en rien la face des choses. Le petit commerce est une plaie de la société.

Enfin, pour terminer, il y a surtout et par dessus tout le

manque de confiance, qui crée cette terrible maladie,
« la suspicion ». Cette dernière est la meilleure tueuse
d'énergie et d'initiatives que l'on puisse rencontrer ; combien
avons-nous vu de camarades s'échapper des Coopératives
par crainte de se voir en butte aux attaques souvent injus-
tifiées de la part de ceux qui crient toujours, mais qui
n'exécutent jamais ! (*Applaudissements ! Très bien, très
bien !*)

Bienfaits de la Coopération

Maintenant que nous avons avec intention noirci le tableau,
il est bon de récapituler ce qui s'est fait dans les coopératives
et d'indiquer les conséquences économiques qui en découlent.

Dans certaines sociétés, la démonstration pratique de l'application des résolutions prises dans les Congrès corporatifs,
l'œuvre bienfaisante pour les populations ouvrières pauvres,
les actes de solidarité, la création d'œuvres sociales, etc., etc.

1° Mise en application de la diminution des heures de travail, salaires supérieurs à ceux du commerce, boycottage,
assurance contre les accidents du travail, caisse de retraite
pour les ouvriers ou employés, etc., etc.

2° L'œuvre bienfaisante pour les populations ouvrières
pauvres. — A chaque fois qu'une coopérative ouvrière de
consommation s'est formée dans un pays, les commerçants
ont toujours été obligés de baisser leur prix ; qui ne se sou-
vient qu'il y a quelques années seulement, dans les quartiers
des grandes villes, comme dans les petites communes, où il
n'existait point de coopératives, le vin se vendait à raison de
0 fr. 70 le litre pour Paris; or, on peut avoir de très bon vin à
0.55 le litre dans les sociétés ; dans la banlieue, malgré le
droit d'octroi inférieur à celui de Paris, les marchands de vins
vendaient le même prix qu'à Paris : aussitôt qu'une coopérative
s'est formée, le prix du vin a descendu de 0.70 à 0.45, c'est-à-
dire de 0.25 par litre.

Dans un ménage ouvrier où l'on consomme 2 litres de vin par jour, cela produit 0.50, soit, à la fin d'année, 182 fr. 50.

Il en est de même pour tous les autres produits d'alimentation, pour la chaussure, les vêtements, etc.

Si on songe que, d'après une statistique faite par la Bourse coopérative en 1898, au sujet du vin qui est le clou de la consommation, cette dernière s'élevait pour 25 sociétés de la Seine, possédant un effectif d'environ 25.000 familles, à 106.435 hectolitres à raison de 0,15 par litre, cela produit un chiffre global d'environ 150.000 francs, une fortune.

La consommation des pâtes alimentaires pour la Seine peut être évaluée à 400.000 kilos par an !

Les savons, à 500.000 kilos par an.

Les chaussures, 200.000 paires par an.

Le café, 500.000 kilos par an.

Et le beurre, le lait, le chocolat, le fromage, les confitures, l'huile, les conserves alimentaires, les légumes secs, les pommes de terre, les œufs, les charbons, enfin, le pain !

Au moment de la crise du « Pain cher », lorsque tous les boulangers avaient augmenté leur pain, les coopératives La Bellevilloise, la Revendication de Puteaux, celles de Clichy, de Suresnes, etc., celles enfin qui possédaient des boulangeries maintinrent pendant une période de trois mois l'ancien prix ; des délégations de patrons boulangers allèrent trouver les Conseils d'Administration de ces dernières, qui s'empressèrent de les envoyer... à M. Méline. (*Applaudissements*).

3° Les caisses de solidarité. Peu de sociétés, aujourd'hui, qui ne possèdent de caisses de secours ou de solidarité ; les unes donnent aux veuves ou aux compagnes des décédés, aux orphelins, des dons en nature ou en argent ; même cas pour le chômage ou la maladie ; il y en a qui ont créé la caisse de retraite, d'autres qui ont un budget pour les grèves. *L'Égalitaire* donne 800 francs par an aux grèves. (*Bravos*).

La solidarité se fait sous toutes ses formes. Ce qu'il y a

surtout de remarquable, c'est que les sociétaires obligés n'ont pas à considérer le don qu'on leur fait comme un acte de charité qui avilit l'être humain, mais comme la plus haute et la plus digne des qualités humaines, la solidarité (*Applaudissements*); l'obligé comprend qu'à son tour il fait partie d'une grande famille où l'on se doit aide et soutien. Cela le rend fort et bon. C'est de l'éducation morale au premier chef.

Aujourd'hui, les coopératives soutiennent en partie toutes les organisations ouvrières qui se créent, soit par une souscription d'action, soit en écoulant leurs produits.

C'est, en grande partie, grâce aux coopératives que la Verrerie ouvrière est aujourd'hui si prospère.

L'Unification des salaires est mise en application dans certaines sociétés : « à travail égal — salaire égal » (*Bravos*).

Néanmoins tous ces efforts, quoique intéressants, n'ont eu d'effet que dans un cercle très restreint ; jusqu'ici — à part quelques-uns — les conseils d'administration n'ont eu comme objectif qu'un but, celui de développer tout particulièrement leur société, sans s'occuper d'à côté, négligeant en cela la base fondamentale de toute société, qui est de se souder et de s'agglomérer avec d'autres éléments.

C'est un état d'esprit créé par le milieu bourgeois dans lequel nous vivons, c'est le « chacun pour soi et Dieu pour tous » c'est « l'enrichissez-vous » de Guizot, c'est, pour mieux définir l'idée générale, la « Lutte pour la vie » qui a été créée par la bourgeoisie succédant à l'aristocratie, et qui n'a pas su organiser les conditions de la vie humaine avec l'évolution économique du siècle qui vient de s'écouler. (*Applaudissements*).

C'est une tare d'impuissance. Il appartient donc au prolétariat de remplir ce rôle, mais, pour y arriver plus promptement, il faut que toute œuvre qu'il crée soit dégagée d'intérêt personnel et mesquin, que chacun n'éprouve dans la satisfaction du devoir accompli que la juste récompense de son labeur ; en même temps que son amour-propre d'homme sera satisfait, il n'aura pas négligé son intérêt personnel et matériel, puisque,de toutes ces œuvres créées, il sortira une organisation nouvelle qui non seulement lui fera envisager le lendemain avec plus de sérénité, mais lui permettra d'espérer un peu de mieux-être pour les siens.

Dégageons-nous des formules étroites, des lois caduques, des décisions irréfléchies ! Tout se modifie, tout se transforme, l'évolution est constante ! Nous devons surtout donner un plus libre cours à la libre initiative et ne pas nous confiner dans des règlements surannés.

Les coopérateurs anglais n'ont pas assisté à un congrès corporatif ouvrier, parce qu'ils n'avaient pas mandat de leur congrès antérieur.

Les employés des coopératives ne voulaient pas assister au congrès corporatif de Rennes, parce que leur assemblée générale ne les y avait pas autorisés.

Rien que ces deux cas démontrent la puissance du raisonnement : se débarrasser des entraves en donnant libre cours à la Pensée conduite par la Raison.

Maintenant que nous avons touché aux points principaux de la coopération actuelle, il est bon d'établir, sur les données déjà acquises et sur les espérances que nous donnent les coopératives, un code, pour ainsi dire, qui devra être,pour les grandes lignes s'entend, la formule de chaque coopérative socialiste.

Ce code sera légal, administratif, commercial, moral et socialiste ; c'est-à-dire qu'il touchera aux points principaux qui régissent ces organisations.

La première partie légale comprendra les statuts-type que chaque coopérative devra prendre pour se constituer afin de conserver à la société son caractère légal, tout en lui donnant les moyens d'être socialiste, c'est-à-dire, de la préparer à entrer dans le Parti socialiste unifié, qui a pour tâche de coordonner les efforts politiques et économiques du Prolétariat pour en faire l'action initiale qui servira de base à la Révolution sociale.

La 2ᵉ partie, administrative, devra traiter des attributions des conseils d'administration et contrôle, rapports entre ces derniers et les employés et les sociétaires, organisation fédérative.

La 3ᵉ partie, commerciale, devra indiquer le mode nouveau d'achat, les institutions à créer pour se garantir contre la sophistication des denrées, suppression des intermédiaires, etc., etc....

La 4ᵉ partie, celle qui touche à la propagande, la partie morale de l'œuvre, devra envisager quels sont les moyens pratiques d'aboutir pour faire du coopératisme un organisme nouveau qui sera un levier puissant et fécond pour faire lever et germer, dans les cerveaux ouvriers et autres, les ferments de solidarité et d'humanité qui engendreront la société nouvelle.

Les questions sont multiples, il y a lieu de relier quelques-unes de ces questions à celles posées dans les autres parties.

1° Créer autour d'un organisme central les Fédérations de Sociétés organisées géographiquement au point de vue de la production du sol.

2° Magasins d'échantillonnages et dépôts de tous documents au siège de chaque Bourse Fédérale.

3° Création de fonds de développement en dehors de tous prélèvements légaux et d'ordre intérieur.

4° Création de l'Assurance Coopérative, d'où découlera la Banque des Coopératives.

5° Création d'un service de renseignements et de statistiques pouvant servir aux relations internationales entre les producteurs du sol et de l'usine et les Coopératives.

6° Application dans les Sociétés Coopératives des décisions prises dans les différents Congrès corporatifs.

7° Création d'usines corporatives, pour la suppression des marques capitalistes.

En effet il est anormal que dans toutes les Sociétés l'on fasse de la réclame pour des produits qui peuvent s'appeler le *Chocolat Menier* ou les *Biscuits Guillout.* L'on sait que dans cette dernière maison l'on a chassé un ouvrier qui y était occupé depuis vingt ans, sous prétexte qu'il avait voté dans une réunion des ouvriers biscuitiers que les tarifs de cette maison devaient être modifiés. Par l'écoulement de ces produits, par la réclame qu'on leur fait. nous sommes de connivence, sans le savoir, avec les patrons qui, comme les Guillout, par exemple, ont renvoyé un ouvrier (*Applaudissements*), et qui. comme Lombart. donnent 200.000 francs pour construire une église dans le.XIII°.

8° Extension du Journal de la Coopération, publication de brochures, images, etc., etc..., ainsi que conférences, délégations, en un mot tout ce qui a trait au développement du coopératisme socialiste.

9° Entrée en lice des Coopératives dans les luttes électorales.

10° Fixation du siège social de la Bourse Coopérative.

Unification d'un magasin coopératif par commune ou ville, création de succursales.

Maintenant que nous avons donné les considérants du rapport. nous allons toucher la 1re partie qui a trait aux statuts qui doivent donner le caractère socialiste aux Sociétés coopératives.

ANNEXE AU RAPPORT

Première partie. — Statuts

Les Sociétés coopératives de consommation sont régies par la loi de juillet 1867, modifiée par la loi d'août 1893, qui exigent que chaque société fasse la déclaration de souscription du capital par devant notaire.

De plus, elles sont soumises à certaines formalités de dépôts et publications que nous indiquons dans la brochure *La Coopération ouvrière*.

Les statuts, qu'il serait trop long de lire, mais qui seront publiés, doivent être uniformes; néanmoins nous devons nous appesantir sur certains articles qui donnent justement le caractère socialiste à la société.

Ce qui a trait à la dénomination, au siège, aux états semestriels ou annuels, aux inventaires, à la dissolution, à la liquidation, contestations et publications, n'est pas variable; c'est-à-dire qu'il n'y a rien de spécial sur quoi on puisse s'arrêter.

Ce qui a trait au but, au capital, aux parts sociales, aux admissions, retraites et exclusions, à quelques points de l'administration de la Société et de la commission de surveillance, aux assemblées générales, aux trop-perçus, au fonds de réserve, doit tout particulièrement attirer notre attention.

1° *Le but.* — « La Société a pour but : 1° De fournir à ses associés des produits et marchandises de bonne qualité et de poids sincère ; 2° De réaliser, au bénéfice de ses membres et dans l'intérêt de toute œuvre utile à l'émancipation des travailleurs, des économies sur leurs dépenses de consommation.»

Au cas où la Société vendrait à tout le monde, elle devrait ajouter, après « de fournir à ses associés », «ou à toutes personnes quelconques ».

« La Société pourra, en vertu de délibérations prises par l'assemblée générale, créer ou aider à créer dans la suite tous établissements d'utilité générale, fondés sur le principe de la coopération socialiste ».

« La Société répartira expressément au comptant ».

2° *Le capital.* — « Le capital social pourra être augmenté par des versements successifs faits par les associés ou l'admission de nouveaux membres, dans les limites qui pourront être fixées annuellement par délibération de l'assemblée générale des sociétaires, conformément aux articles 48 et 49 de la loi du 24 juillet 1867 ».

3° *Parts sociales.* — « Les parts sont nominatives, même après leur entière libération. Elles ne donnent droit à aucun intérêt. Aucun membre de la société ne pourra être propriétaire de plus de ... part ».

Nous n'avons pas voulu mettre le nombre de parts, car il est utile pour la prospérité de certaines Sociétés qu'on puisse prendre plusieurs parts.

« Pour faciliter à chacun la possession d'une part, les sociétaires nouveaux qui ne pourraient ou ne voudraient se libérer immédiatement de l'intégralité de leur part, auront la faculté de se libérer du montant de leur souscription par des versements partiels. Ces versements pourront être prélevés par les soins du conseil d'administration sur les trop-perçus.

« La libération de la part sociale devra se faire dans le délai de ... ans.

« Toute part est indivisible, la société ne reconnaît qu'un propriétaire par ... part. »

Admissions. — « Nul ne sera admis comme sociétaire qu'en vertu d'une décision du Conseil d'administration, prise à la majorité des voix. »

Ici il y a plusieurs formules ; pour une Société qui veut

conserver la forme civile, pour mieux dire ne pas être soumise à la patente, elle devra mettre ceci :

« La Société n'admet dans son sein que des ouvriers ou artisans, aux termes de la loi du 1er décembre 1875. »

Pour une Société qui ne peut pas conserver la forme civile, c'est-à-dire qui veut vendre à tout le monde et payer la patente, elle devra mettre ceci :

« La Société n'admet sans présentation, comme sociétaires, que tous citoyens faisant partie d'un syndicat et d'un groupe d'études sociales adhérent au Parti socialiste. Toute autre personne désirant faire partie de la Société sera soumise à un parrainage, dans les conditions déterminées par un règlement d'ordre intérieur. »

Nous avons mis cet article dans le rapport parce que nous avons vu plusieurs fois dans les assemblées générales que, par l'incohérence des camarades qui étaient venus simplement dans la coopérative pour avoir des intérêts, quand des camarades socialistes étaient au Conseil d'administration et que l'un faisait une proposition généreuse, qui n'avait qu'un caractère humanitaire, aussitôt s'élevait un cri formidable : *Pas de Politique !* Les choses ont déjà changé, depuis quelques années que les socialistes ont enfin compris que les coopératives sont un excellent moyen d'émancipation. Ce cri « Pas de Politique » s'entend moins souvent. C'est un progrès. (*Applaudissements*).

Retraites, Exclusions. — « Un règlement particulier, proposé par le Conseil d'Administration et approuvé par l'Assemblée générale ordinaire, détermine, au surplus, les conditions de l'admission, de la retraite ou de l'exclusion des associés. »

Administration de la Société. — « Le Conseil d'Administration de la Société est élu pour   ans. »

Il est de toute utilité pour la marche normale des Sociétés que le Conseil soit élu pour une période un peu longue ; de la stabilité d'un conseil dépend toujours la prospérité d'une coopérative. Le législateur a porté le délai à six ans. Il est bon d'ajouter également :

« Le Conseil a les pouvoirs les plus étendus, il a le droit d'accepter tout legs ou toute donation qui pourront être faits à la Société. »

« Toutes les fonctions dans la Société seront rémunérées suivant les conditions déterminées par un règlement intérieur. »

Commission de surveillance. — « Il est nommé dans les mêmes conditions que le Conseil une commission de surveillance, renouvelable en entier tous les ans. »

« Ces membres, comme ceux du Conseil, sont rééligibles. »

Il est de fait qu'il y a quelque chose d'anormal dans l'administration des Sociétés coopératives. L'on voit des Sociétés coopératives très importantes dont les administrateurs sont élus pour 18 mois ; au bout de ces 18 mois, quand ils peuvent rendre des services, on les prie de se retirer, sous prétexte d'appliquer les principes démocratiques. Les nouveaux administrateurs sont obligés de faire leur éducation, et, dès qu'ils sont au courant des affaires de la Société, ils partagent le sort des premiers. On tourne toujours dans un cercle vicieux, et si les Sociétés coopératives actuelles ne se sont pas développées aussi rapidement qu'on le voudrait, la cause principale est dans ce mode de renouvellement des Conseils d'administration. C'est pourquoi, comme en Belgique, nous avons mis : toujours *rééligible.*

Si l'administrateur s'est mal conduit, l'assemblée
générale doit le renvoyer, mais quand un camarade a fait
son devoir, que son intelligence peut rendre les plus
grands services à la Société, on ne doit pas le remplacer
par un incapable. (*Applaudissements*).

Nous estimons que des camarades qui vont travailler
le matin à la première heure, rentrent le soir à 7 ou 8
heures, mangent à la hâte et s'en vont à la Coopérative 4
ou 5 jours par semaine, jusqu'à des heures tardives, ont
droit en toute justice à une indemnité pour leur dérange-
ment et leurs menus frais, car il y en a beaucoup qui
restent très loin et sont obligés de prendre un omnibus,
ce qui leur vaut une dépense de près de 0.60 par jour,
très dure pour leurs ressources quotidiennes de 3 ou 4 fr.

L'on voit des Sociétés coopératives très riches, ayant
parfois des millions, qui refusent une indemnité de 0.50
aux ouvriers qui la dirigent.

Cela touche un peu à l'Administration des Sociétés, car
la Commission de contrôle est chargée de surveiller la
gestion du Conseil d'administration. Et, ici, à l'inverse
du Conseil d'administration, les membres de la Commission
de contrôle doivent être changés tous les ans. Et le
législateur, dans sa sagesse — et il n'est pas toujours
sage ! — a pensé qu'il fallait que la Commission de contrôle
fût changée tous les ans, de façon que ses membres ne
puissent devenir les camarades des membres du Conseil
d'administration et passer sur les erreurs, même les plus
graves, de ces derniers.

Avec le renouvellement annuel, ces ententes malhon-
nêtes deviennent moins possibles.

Assemblées générales. — « L'Assemblée générale est convoquée par le Conseil d'administration tous les ans. »

Nous savons que les Sociétés coopératives de Paris convoquent leur Assemblée tous les 6 mois. Nous estimons que l'on devrait envoyer aux Sociétaires tous les 6 mois un rapport détaillé sur la gestion de la Société pendant un semestre et ne faire qu'une assemblée générale tous les ans, de façon à éviter des frais à la Société et de laisser au Conseil un temps assez long pour permettre de juger sa gestion.

Avec l'instabilité actuelle il m'est arrivé d'aller dans certaines Coopératives qui, 6 mois auparavant, avaient un Conseil d'administration socialiste, et j'y ai été reçu comme un chien dans un jeu de quilles, car le Conseil était complètement changé, au grand préjudice de la Société. Vous jugez de ma surprise quand je me trouvais en face d'ennemis déclarés alors que je croyais rencontrer des amis.

Cela tient à ce que les Assemblées générales changent trop souvent leur Conseil d'administration, ce qui empêche toute idée de suite.

Trop-perçus. — « Les trop-perçus, déduction faite des charges sociales et autres, seront répartis :

» Cinquante pour cent à la propagande. Cinquante pour cent aux sociétaires au prorata de leurs achats. »

L'on pourrait également mettre, « cent pour cent aux sociétaires au prorata de leurs achats. » Mais cette clause ne pourrait être mise qu'à condition que les charges sociales tels que amortissement du matériel et de l'agencement, du fonds de réserve, du fonds de développement, du fonds de

propagande, etc..., soient d'abord prélevées ; tout le restant
alors appartiendrait aux sociétaires ou acheteurs.

Effectivement, dans certaines Sociétés, il y a des
camarades qui disent : dans telle Société on donne 85 %
sur les trop-perçus et dans d'autres seulement 5o %. Cela,
d'après certains camarades, pourrait empêcher les ménagères d'aller s'approvisionner à cette Société. En se
servant de ce petit stratagème vous mettez dans vos
statuts 100 % mais vous leur retirez 75, et comme beaucoup
d'ouvriers, il faut le reconnaître, ne sont pas intéressants,
il n'y a que demi-mal, puisque cet argent est pour la
cause socialiste. (*Applaudissements*).

Deuxième partie. — Administration.

Règlements intérieurs, Charges et devoirs du Conseil

Un Conseil d'administration doit être la représentation
exacte des principes socialistes ; c'est pourquoi chaque société
doit avoir pour objectif principal de ne nommer au conseil
que des ouvriers syndiqués et appartenant à des groupes
d'études sociales ; ces derniers doivent être la réflexion complète des organismes fondamentaux du socialisme.

En Belgique, le citoyen qui se présente à l'Assemblée
générale doit avoir fait ses preuves pour être élu. (*Applaudissements*).

L'Union d'Amiens prend son Conseil d'administration
parmi les syndicats ouvriers ; à Montataire, on n'accepte à la
coopérative que des ouvriers syndiqués ; à Carmaux également ; en Belgique, les sociétés socialistes ont dans leurs statuts

cet article : « Pour adhérer à la coopérative, il faut adhérer au programme du Parti ouvrier »; le recrutement du conseil est aussi remarquable, le candidat se présente à l'assemblée générale, il faut qu'il ait fait ses preuves pour être élu.

Pour que ces camarades puissent mener à bien l'action morale et administrative d'une société, ils devront toujours s'entourer de chefs répartiteurs ou d'employés qui seront chargés du service intérieur de la société ; ces derniers devront remplir les mêmes conditions que les administrateurs et contrôleurs ; d'ailleurs chaque employé devra, sous peine de déchéance, appartenir aux trois organisations citées plus haut.

Nous estimons qu'un Conseil d'administration en période normale ne devrait se réunir que deux fois par mois, les commissions aussi souvent qu'elles le jugeraient utiles.

La réception des fournisseurs n'a sa raison d'être qu'une fois par mois ; l'Égalitaire pratique de cette façon ; toutefois, il y a lieu selon les cas et les circonstances de modifier cette façon de faire.

Cela a une raison majeure : de cette façon les camarades socialistes ne seraient pas tellement tenus par leur organisation coopérative qu'ils ne puissent se présenter de temps en temps à leur syndicat ou à leur groupe et s'y retremper.

Avec un personnel dévoué, bien rétribué, la moitié de la besogne administrative est faite ; nous considérons que les employés de coopératives doivent être considérés comme des collaborateurs et non comme des salariés.

Lorsque des groupes d'études sociales ont élu des camarades comme délégués au Conseil d'administration des Coopératives, il s'est produit souvent, à cause de la fréquence des réunions de ce Conseil, que les camarades ont déserté le groupe d'études sociales, dont l'appui moral les avait fait élire. Or nous estimons qu'il est toujours bon

pour ces camarades d'aller se retremper dans leur cercle
d'études sociales. (*Applaudissements*).

Ainsi qu'il est dit dans les statuts, les conseils d'administration doivent être indemnisés de leur présence. Il est anormal,
en effet, que des hommes se dérangent pour toute une collectivité riche et puissante et ne soient point rétribués ; sans
créer de sinécures, il est bon de consacrer le principe que tout
travail mérite une rétribution.

Quand nous avons formulé l'article des *indemnités* aux
membres des Conseils d'administration, l'on nous a dit :
« Mais, quand une Société se forme elle est souvent très
pauvre, et les indemnités qui seront distribuées aux
membres de son Conseil d'administration rendront son
existence plus difficile si elles ne la compromettent pas. »
Mais, camarades, nous qui sommes socialistes, nous avons
bien maintes fois travaillé pour rien, et personne d'entre
nous ne refuse de le faire quand il s'agit de l'intérêt d'une
Société qui nous est chère.

Les jetons de présence sont fixés selon les moyens de la
Société.

A chaque séance du conseil, le chef de service devra être
présent et avoir voix consultative ; il représente l'élément
technique ; les employés ne doivent avoir affaire qu'à leur
chef, qui est leur porte-paroles au sein du conseil ; l'administrateur ne devrait jamais entrer en discussion avec les
employés au sein du service, à moins de cas extrèmement
graves.

De même pour les sociétaires ; toutes réclamations doivent
se faire au chef de service, elles sont portées par lui à la commission compétente, s'il ne peut en assumer la responsabilité
ou en prendre l'initiative.

TROISIÈME PARTIE. — **Mode d'achat. Institutions à créer.**

La bonne administration d'une société dépend toujours de ses opérations commerciales ; en effet, les coopératives étant appelées à remplacer le mode de répartition actuel des produits d'alimentation ou autres appelé commerce, il est utile que l'on prenne exemple sur ce dernier pour ce qui est marché à passer.

Ces derniers devront être entourés de tous les renseignements, afin de juger et sur la qualité et sur la valeur de chaque produit.

Les sociétés livrées à elles-mêmes sont forcément vouées à l'exploitation des intermédiaires de 4ᵉ catégorie ; pour obvier à cela, il y a lieu de créer les fédérations d'achats où chaque société enverra ses délégués se renseigner ou discuter sur le point en litige. S'il y a quelque chose qui est mal fait dans beaucoup de sociétés, c'est le mode d'achat.

Nous sommes d'avis que l'on ne devrait plus pratiquer de la même façon ; c'est-à-dire, faire venir le soir des représentants de commerce, certes, très intéressants, mais qui n'ont qu'un objectif : c'est de vendre leurs produits pour gagner de l'argent, et qui profitent souvent de l'inexpérience des administrateurs pour leur vendre une mixture quelconque pour du vin de vendanges — vendanges de Bercy — ou autres articles qu'il serait oiseux de nommer.

L'on devrait procéder ainsi : A chaque période de l'année, où tel article devra se traiter, les sociétés enverront au secrétariat de leur fédération la quantité, la qualité, les prix, le mode de livraison, etc..., qu'elles emploient pour cet article.

Le bureau de la fédération est chargée d'envoyer aux fabricants une circulaire qui leur soumettra la quantité et les différents renseignements pour que ces derniers établissent leurs conditions.

Au reçu de ces réponses, les délégués des sociétés se réunissent, examinent les avantages et, après s'être entendus au préalable, font part à leur conseil respectif des offres faites. L'autonomie doit-elle être gardée ou doit-on suivre l'orientation commune ? à notre sens, on doit suivre cette manière de voir.

Comme la simple réunion d'une commission ne suffit pas pour établir des bases d'achats, il est bon que ces fédérations de coopératives soient créées de façon à coordonner l'effort de la production et de la consommation liées indissolublement; ces fédérations devront être établies géographiquement; attenant à chaque fédération, un laboratoire coopératif, un magasin d'échantillonnage des produits des diverses contrées, un bureau de statistique et de renseignement.

Cette façon de procéder aura pour but essentiel de développer la production directe et par conséquent de supprimer les intermédiaires. Cela débarrasserait les coopératives d'une plaie, car, traitant directement entre elles, elles supprimeraient toute matière à suspicion, puisque les prix seraient réglés par un mode établi sur la statistique, sur la récolte de l'année, l'échelle des frais généraux, en un mot, sur tout ce qui sert à établir les prix de revient logiquement, sans que l'on voie figurer comme majoration des dépenses diverses que l'on pourrait qualifier de « fonds secrets ».

Ce serait là certainement une source de bénéfices.

Quatrième partie. — Propagande.

La quatrième partie qui a trait à la propagande devra s'occuper des moyens pratiques pour développer l'œuvre coopérative.

A notre sens, le meilleur facteur de propagande est le journal.

En effet, à proprement parler, un organe officiel des coopératives n'existe pas. Il nous semble qu'un bulletin hebdomadaire ou mensuel, voire quotidien, qui traiterait de toutes les questions relatives à la coopération (consommation et production), aurait suffisamment pour vivre.

Au fur et à mesure que se développeront les sociétés, il serait bon d'indiquer aux militants quelles sont les modifications apportées à telle ou telle société, les mercuriales et cours des sociétés de production. Les coopératives pourraient même se servir du bulletin pour envoyer à leurs sociétaires leur rapport et bilan de semestre; le coopérateur, en même temps qu'il serait renseigné sur la marche de sa société, verrait en même temps ce qui se passe dans les autres au point de vue général. Il y aurait lieu encore d'y publier les prix des denrées payées et vendues par chaque société. En un mot, faire un journal intéressant qui ne nécessiterait qu'une dépense de un sou par semaine ou par mois pour chaque famille.

Il y a encore les conférences, les brochures, la création d'œuvres nouvelles. Obligation pour créer tout cela d'une retenue pour une caisse de propagande qui servirait à établir tout ce que nous demandons.

L'argent n'est-il pas le nerf de la guerre?

Mais il est temps de nous résumer, afin de ne pas lasser la patience de nos auditeurs.

Nous concluons en posant les questions suivantes qui résument les points traités dans le rapport, et nous demandons au Congrès de les examiner et de les voter.

1° Création de la Bourse coopérative socialiste de France où seront affiliées toutes les fédérations coopératives de province.

Cette Bourse coopérative de France aura son siège à Paris, au Palais du travail, place Dupleix.

2° Création d'un fonds de développement qui sera versé

en tout ou en partie à la Bourse coopérative afin de créer l'organisme central sur des bases solides ; suppression de la cotisation et son remplacement par le bulletin hebdomadaire ou mensuel envoyé à chaque sociétaire de coopérative adhérente à la Bourse, dons, collectes, etc., etc...

3° L'Assurance coopérative.

4° Entrée en lice des coopératives dans les luttes électorales.

Enfin, pour terminer, la commission exprime le vœu qu'à l'avenir il ne soit créé dans chaque commune ou ville qu'une seule société coopérative de consommation et qu'au fur et à mesure de la progression de la Société il soit créé des succursales.

Si nous nous sommes prononcés sur les succursales à la fin du rapport, c'est que nous croyons que dans 4 ou 5 ans des Sociétés coopératives se formeront dans tous les endroits, à côté les unes des autres, se feront concurrence, et quand la concurrence sera établie entre les Sociétés coopératives, nous croyons qu'elle sera plus terrible que la concurrence dans le commerce. (*Applaudissements*).

L'Union Montrougienne demande que les orateurs aient un quart d'heure.

Le citoyen ANSEELE. — Ce matin on a décidé que les orateurs n'auraient que dix minutes pour développer leurs idées. Un camarade vient de renouveler la proposition adoptée ce matin.

Un délégué. — Je crois que la question qui nous occupe actuellement est la plus sérieuse de tout le Congrès et je trouve malheureux qu'on limite le temps où les orateurs conserveront la parole. Si par la suite il y a beaucoup d'orateurs, peut-être pourra-t-on le faire, mais parmi ceux qui vont venir à la tribune il y en a qui sont beaucoup plus au courant de la coopérative que d'autres, et il serait malheureux qu'on limite le temps des premiers en faveur des seconds.

Un autre délégué. — Si l'on ne limite pas la parole, il pourra y avoir des orateurs qui la garderont pour eux seuls. Je demande donc qu'on accorde à chacun vingt minutes.

Le citoyen ANSEELE. — Je mets aux voix la deuxième proposition. Nous sommes ici des gens pratiques réunis et nous ne devons pas gaspiller le temps du Congrès.

Je mets au voix la proposition la plus large, celle qui laisse plus de temps à l'orateur.

Cette proposition est adoptée à l'unanimité.

Le citoyen MAUSS. — Je veux simplement poser une question. Je demande pour le rapport Guillemin que l'on discute sur deux points successifs.

Il y a d'abord la question de savoir quels doivent être les statuts essentiels d'une coopérative socialiste; ensuite la question de pratique, en particulier de l'organisation fédérative des coopératives socialistes.

Je demande la parole sur ces deux points soigneusement disjoints.

Le citoyen ANSEELE. — La proposition suivante vient au bureau. Le Comité d'action de la Cordonnerie ouvrière ayant un rapport sur la Coopération socialiste demande s'il peut en donner connaissance aujourd'hui.

Le renvoi à la Commission est décidé.

Le citoyen R*ebins* (*Maison du Peuple*, de Paris). — Il serait bon que nous mettions aux voix l'ordre de nos travaux :

1º Du Principe;

2º De l'Organisation.

Le citoyen D*elory*. — Pour la fixation de la discussion, je ne suis pas d'avis que l'on adopte cette façon de procéder. Vous allez obliger les camarades à revenir deux fois à la tribune. Je crois qu'il vaut mieux que les camarades qui viendront à la tribune donnent leur avis sur tout le rapport, puisque vous allez charger une commission d'étudier les propositions.

Le citoyen M*auss*. — Je maintiens ma proposition.

Le citoyen S*chneider*. — Je crois qu'il serait utile, avant de discuter, qu'on nommât une commission afin que son rapporteur puisse prendre des notes sur ce qui sera dit.

Le citoyen A*nseele*. — Qui demande la parole sur la proposition du citoyen Mauss ?

La proposition Delory est votée par l'assemblée.

Le citoyen R*ebins*. — On vient de vous exposer des statuts devant servir à l'organisation de coopératives de consommation. Il est bien évident que nos coopératives n'ont pas seulement pour but de satisfaire le ventre, mais elles ont aussi, et surtout, à satisfaire l'intelligence et la moralité. Selon moi, l'on devrait adjoindre à chaque coopérative une sorte de Maison du Peuple où se réuniraient tous les groupements de la localité. Nous ne devons pas seulement fonder des coopératives de consommation, mais il faut que tous les socialistes organisés, quel que soit leur groupe, puissent trouver chez nous une salle convenablement aménagée, selon les moyens de chaque société, que les coopératives deviennent des Maisons du Peuple à l'instar de celle de Bruxelles, qui constitue une citadelle imprenable du prolétariat. (*Applaudissements*).

Il y a une autre raison qui milite en faveur de ma proposition. Vous savez qu'il nous est souvent impossible de trouver un endroit convenable où nous réunir pour traiter de nos propres intérêts économiques ou politiques. Dans un arrondissement de Paris nous avons voulu nous réunir le 18 mars pour célébrer cette fête révolutionnaire. Aucun marchand de vin n'a voulu nous prêter sa salle sous prétexte que c'était pour fêter la Commune.

D'autre part nous sommes obligés de consommer lorsque nous avons trouvé une salle de café ou de marchand de vin. Or, à Paris, il y a au moins une quinzaine de groupes qui se réunissent tous les soirs. Nous dépensons ainsi des sommes considérables qui sont empochées par nos propres ennemis, les marchands de vin, qui, en général, luttent contre les socialistes. (*Applaudissements*).

Donc, si nous voulons faire œuvre utile, il n'est pas seulement nécessaire de nous grouper pour manger à bon compte, mais de nous grouper dans ces Maisons du Peuple pour nous y instruire, nous y développer en science, conscience et vertus. (*Applaudissements*).

Par conséquent, je demande, sous forme de vœu ou de proposition, que les coopératives qui se constitueront réservent, si elles le peuvent, une salle pour recevoir tous les groupements ouvriers de la localité, afin que nous puissions nous réunir chez nous.

Il faudrait que cela figure dans les statuts. Ce serait le

véritable moyen de constituer dans Paris, par arrondissements, de véritables Maisons du Peuple, car c'est une honte qu'on ne puisse pas arriver à faire à Paris des Maisons du Peuple et que nous soyons obligés d'aller chez les marchands de vin qui se moquent de nous dès que nous sommes sortis. C'est à nous à nous respecter davantage, et à vouloir notre maison où nous pourrons nous organiser pour défendre nos intérêts et la République sociale. (*Applaudissements*).

Le citoyen ANSEELE. — Je demande de voter la proposition par acclamation.

Elle est ainsi adoptée à l'unanimité par l'assemblée.

La Cordonnerie Ouvrière. — Notre rapport entre dans la question de la coopération socialiste. Vous ne le connaissez sans doute pas et vous verrez, quand vous en aurez pris connaissance, qu'il était nécessaire de le lire aujourd'hui avant de le renvoyer à la commission des résolutions, qui pourra en tirer quelque chose.

Le délégué lit son rapport qui soulève les protestations de l'assistance fatiguée, car il ne fait guère que répéter le rapport du citoyen Guillemin.

Le délégué déclare qu'il est regrettable pour le Congrès de ne pas vouloir entendre le rapport d'une organisation entièrement coopérative (*Applaudissements*). Nous venions vous apporter les bases nouvelles de la Coopérative de production.

Le citoyen ANSEELE. — Je n'aurai pas dû laisser lire le rapport puisque la question qu'il traite était à l'ordre du jour de ce matin.

Un délégué. — Ce matin, il a été fait la proposition de nommer une Commission spéciale à qui l'on remettrait les documents nécessaires et qui les examinerait pour voir s'ils renferment quelque chose qui puisse servir à la Coopération.

Le citoyen ANSEELE. — On continue la discussion du rapport.

Le citoyen BAGNOL. — Eh bien, je crois qu'avant de continuer notre Congrès, il serait bon que nous nous mettions d'accord au point de vue des principes. Je n'ai certes pas à préjuger de l'opinion du Congrès, puisque ce ce matin déjà vous avez voté, par l'affirmative, au point de vue du principe socialiste et du socialisme, avec toutes ses conséquences politiques et économiques. C'est pour s'engager d'abord qu'il faut vous entendre. Il y a à mon avis deux moyens.

Les délégués ne sont pas tous mandatés pour nous répondre. Il est nécessaire de déclarer que les coopératives adhèrent à la formule socialiste, mais il est bon justement d'aller leur porter cette formule d'abord dans les Conseils d'administration, ensuite dans les Assemblées générales. Le principal sera fait, si le Congrès répond à cette question :

« Y a-t-il lieu dans le milieu où nous vivons, à côté de la coopération bourgeoise et égoïste, à côté de l'anarchie individuelle et commerciale, de créer une force commerciale, une force individuelle entièrement socialiste ? » (*Applaudissements*).

C'est à vous de répondre.

Ce matin vous nous avez dit : « Nous acceptons la formule socialiste. »

Pour que la coopération soit socialiste, il est nécessaire

d'adhérer tout d'abord à cette première formule, de se déclarer partisan de la lutte des classes, de l'entente internationale des travailleurs, de la socialisation des moyens de production et d'échange.

Il faut que vous fassiez prendre cette résolution ferme à ceux qui vous ont délégués, et tout dépend de l'énergie que vous mettrez à la défendre devant vos Conseils d'administration et devant vos Assemblées générales. Et c'est seulement quand ce principe sera adopté en France, que vous pourrez dire que nous avons créé en France la coopération socialiste.

C'est à cette question qu'il faut, par un vote précis, répondre oui ou non.

Comme quelques-uns d'entre vous ne peuvent pas répondre immédiatement, ce matin vous nous avez demandé jusqu'au 1er janvier 1901 pour que les Conseils d'administration que vous représentez répondent par l'affirmative ou la négative. Eh bien, à notre tour, nous vous demandons de ne point dépasser ce délai.

A moins qu'il n'y ait impossibilité matérielle, étant donné les dates plus ou moins éloignées des assemblées générales, il faut que d'ici le 1er janvier prochain la Bourse des coopératives ait notre réponse formelle.

La discussion se trouvera ainsi éclairée à ce point de vue. (*Applaudissements*).

Le citoyen ROCHE (*Le Marais*). — Dans le rapport présenté par la Bourse des coopératives, il y a un point sur lequel il s'agit de tabler, et malheureusement tout à l'heure nous allons laisser dévier la discussion en laissant lire des rapports qui auraient dû être présentés ce matin

Le point capital de la proposition de la Bourse des

coopératives est la création d'un organe quotidien ou tout au moins hebdomadaire, créé par les coopératives pour donner tous les renseignements nécessaires à la coopération. C'est une chose difficile à réaliser. En outre, de quelle façon obtiendrons-nous des coopérateurs cet abonnement absolument forcé à cet organe, dont la création, il ne faut pas le dissimuler, reviendrait très cher ? — et nous avons d'autre part besoin de lecteurs.

En outre, il y a d'autres points qui présentent des difficultés. Vous voulez qu'il n'y ait qu'une seule coopérative par centre. Croyez-vous que ce sera l'isolement qui permettra l'extension rapide des coopératives ?

D'une façon absolue, je crois que chaque coopérative doit avoir son autonomie absolument distincte, qu'une coopérative qui devient trop grande n'a plus l'administration directe de ses membres et devient une véritable administration d'État, ce qu'il faut éviter autant que possible. Ce qu'il faut, c'est que le travailleur puisse discuter librement, et que nous nous connaissions entre nous, que nous sachions ce que nous avons à faire. Les grandes coopératives ne permettent pas malheureusement cette connaissance réciproque, cet air de petite famille. Les calomnies se font jour plus facilement que dans les petites agglomérations, où l'on peut être obligé de les prouver sur le champ.

Ce qu'il faut, c'est former de grands comptoirs pour que les coopératives ne soient plus les victimes des représentants de commerce, qui ne cherchent à vendre qu'au détriment de la coopérative, qui vendent les denrées frelatées, en disant que c'est la meilleure marchandise qu'on puisse trouver.

Voilà le lien commun qui doit unir toutes les coopératives, et que doivent créer les Conseils d'administration qui se réuniraient entre eux et discuteraient les bases essentielles de la Coopération.

Il serait utile que nous ayons dans les coopératives un personnel dévoué, des collaborateurs assidus, pour que la vie devienne meilleur marché, que les denrées soient meilleures, mais avant tout il faut éviter les grandes agglomérations.

Ce sont les petites coopératives qui fonctionnent le mieux et traitent souvent des questions d'économie sociale avec plus d'indépendance que les grandes, car dans les grandes coopératives, vous ne l'ignorez pas, il y a malheureusement du parti-pris, et, quand une proposition est faite à l'Assemblée générale, c'est souvent par du tumulte qu'elle est votée ou rejetée.

Une voix. — Vous parlez pour Paris !

Le citoyen ROCHE. — Pour Paris comme pour la province. Je connais aussi bien les coopératives de Paris que celles de province.

Dans les petites coopératives, vous vivez plus familièrement, et vous traitez les cas divers d'une façon plus pratique, et l'on est à l'abri des calomnies, parce qu'il faut les prouver tout de suite. (*Applaudissements*).

Il faut avoir de la conscience, de la franchise. Nous venons ici discuter entre nous des moyens pratiques pour que la coopération socialiste produise des résultats féconds. Ayons donc la franchise de dire ce que nous pensons.

Par des coopératives par quartier, par métier, suivant la ville ou la région, par des coopératives de 5oo ou 6oo membres, par exemple, pour une population de 2 à 3000 âmes, il y aura plus de facilités pour se connaître que dans un grand centre comme Lille, Roubaix, Lyon, Marseille, Bordeaux, Angers, Paris, etc... Que vous choisissiez des centres pour faciliter la répartition des marchandises, des noyaux dans lesquels vous viendrez vous approvisionner, soit ; qu'il y ait un lien entre toutes les petites coopératives, que chacune nomme ses délégués à un comité central d'achat, comme en Espagne, résidant dans un lieu où nous ferons l'emmagasinement de tous les produits qui nous seront nécessaires, tous les produits manufacturés par les Sociétés coopératives de production. Le Conseil d'administration de ces centres d'approvisionnement sera composé des délégués des petites coopératives qui viendront à ce magasin général, en établiront les bases essentielles, inspirées par la solidarité sociale, qui fera servir efficacement les Sociétés de production au développement des Sociétés de consommation.

Par conséquent il y a là des points à étudier soigneusement, mais, s'il y a de trop grandes agglomérations de consommateurs, vous n'atteindrez pas le but.

Pour terminer, que la commission que vous allez nommer s'inspire fidèlement de tous les desiderata formulés par les Sociétés coopératives de consommation et des propositions qui seront émises pour en faire un tout, qui servira de base à l'émancipation du prolétariat. (*Applaudissements*).

La citoyenne Louise Réville (*son arrivée à la tribune est saluée par une salve d'applaudissements*). — Je vous prie de ne pas m'applaudir, parce qu'il est probable que ce que je vais vous dire ne va pas vous plaire. Ce serait donc des applaudissements perdus. Je ne croyais pas demander la parole, mais je m'intéresse beaucoup aux coopératives, car il y a 25 ans que je vis et que je milite dans les milieux prolétaires.

J'écoutais donc le rapport si bien fait de M. Guillemin, que j'approuve, mais quelque chose a sonné très mal à mes oreilles, et j'ai voulu le dire. J'ai entendu qu'on va décider la participation des coopératives dans les luttes électorales. Eh bien, je ne puis pas, pour ma part, m'engager dans cette voie, et je vous parle dans toute la sincérité de mes convictions.

Les coopératives socialistes que vous allez fonder doivent servir à améliorer la situation des ouvriers. Il est bien entendu que la coopérative n'est pas le but que nous voulons atteindre, mais que ce n'est qu'un moyen préparatoire. Et bien, permettez-moi de vous dire qu'on peut être socialiste sincère et ne pas être partisan de la conquête des pouvoirs publics. (*Interruptions*).

... Je vous dirai que je suis habituée, depuis quelque temps, à ne pas être approuvée quand je prends la parole.

Pour faire un petit crochet dans mon chemin, — et c'est vous qui l'aurez voulu en m'interrompant, — l'autre jour je parlais dans un congrès devant 1500 hommes. Je fus très applaudie, mais lorsque M. Lourties, mon adversaire, déposa sa proposition, celle-ci fut votée d'emblée, par ceux-là même qui m'avaient applaudi (*Rires*). C'est pour vous dire que je suis absolument habituée à voir repousser ce que je propose.

C'est donc une protestation que j'ai tenu à faire d'abord en mon nom, peut-être aussi parce que je me suis dit qu'il pouvait y avoir dans la salle des citoyens qui pensent comme moi et qui n'osent pas le dire. On peut être un très bon socialiste et ne pas vouloir appartenir à une école.

Puisque vous avez des groupements politiques comme le Parti ouvrier français dans le Nord, pourquoi ne pas garder à côté un groupement où l'on ne fera que de la lutte économique ? Cela ne vous empêchera pas d'être des socialistes militants dans les milieux politiques. Mais introduire la politique dans une société coopérative, c'est introduire la division, la jalousie. (*Applaudissements*). C'est jouer avec la mélinite. Je vous dirai que vos coopératives ne pourront se développer, et même les divisions seront si grandes dans leur sein, qu'il faudra que vous fondiez deux coopératives au lieu d'une dans certains endroits.

Je vais dans d'autres milieux que les milieux politiques. Il y a des gens très sincères, qui s'intitulent libertaires ou autres, qui peuvent fort bien entrer dans une coopérative. Tous ne sont pas des dévoyés, il y en a parmi ces gens qui ne sont peut-être que des révoltés qu'on peut ramener. Pourront-ils entrer dans vos coopératives, si vous admettez que l'adhésion à la lutte électorale est obligatoire ?

En outre, les coopératives ne sont-elles pas formées aussi par les femmes et les ménagères ? Eh bien, celles-ci n'ont pourtant pas de droits politiques.

Par conséquent, — je vous parle sincèrement, car il n'est pas gai pour une femme de venir pérorer devant une assemblée d'hommes, — réfléchissez bien sur ce point. Mettez tout ce que vous voudrez dans vos statuts, mais n'imposez pas l'action politique. Et si vous tenez à parler des luttes électorales, spécifiez bien qu'on ne s'occupera pas des luttes électorales dans les coopératives. *(Applaudissements)*.

Le citoyen GUILLEMIN. — Nous pensions bien en lisant ce rapport qu'il se produirait des avis contraires, et c'est ce qui en fait le charme.

Toutes les idées qu'on a émises et qui sont contre le rapport vont tomber petit à petit comme des châteaux de cartes.

L'idée émise par le citoyen Rebins, de la Maison du Peuple, d'établir, dans chaque coopérative, des lieux de réunion pour les syndicats et autres groupements ouvriers, entre absolument dans nos vues, et nous l'adoptons.

Le citoyen Roche, du *Marais*, disait quelque chose qu'il ne me paraît pas possible d'admettre. Il prétend qu'il ne faut pas créer de grandes sociétés coopératives, parce que, à son avis, ces grandes sociétés ne font pas en général quelque chose de pratique.

Nous pourrons lui citer.quelques exemples péremptoires qui démontrent clairement le contraire, comme la Maison du Peuple de Bruxelles, le *Vooruit* de Gand, représenté par notre ami Anseele. Quand nous sommes allés en Belgique, nous avons vu que seules les grandes Sociétés coopératives ouvrières, comme celles que je viens de citer, peuvent tenir tête victorieusement aux puissantes sociétés coopératives cléricales.

Maintenant, quand la citoyenne Louise Réville vient nous dire qu'il ne faut pas que les sociétés coopératives s'occupent de politique, je lui dirai : Vous n'avez donc pas vu ce qui s'est produit aux dernières élections municipales qui ont déshonoré Paris ? Vous ne savez donc pas que cet infâme Conseil Municipal a été composé en grande partie par les efforts réactionnaires de l'engeance des commerçants ? (*Applaudissements*).

Je ne pense pas que vous soyez allée dans cette Belgique que j'aime à citer si souvent. Vous ne savez sans doute pas que c'est grâce à l'appoint des coopératives ouvrières que nos camarades de Belgique ont pu envoyer dans leur Parlement des députés socialistes pour battre en brèche la réaction.

Vous dites que l'économie et la politique ne vont pas ensemble. Je ne voudrais pas vous faire injure, citoyenne Réville, en vous disant que la politique réduite à de mesquines questions de sièges électoraux n'a pas de sens. Je ne suis pas suffisamment orateur pour vous expliquer cela, et nous sortons un peu de notre cadre.

Mais cependant, quand vous disiez que nous ne devons pas travailler pour faire parvenir certaines gens, c'est entendu, cela. Mais nous ne pouvons pas empêcher des camarades simples et naïfs de se mettre à genoux devant certains personnages.

Vous-même tout à l'heure, en parlant du rapport de *Monsieur Guillemin*, vous aviez l'air de me faire une petite réclame, que je ne mérite pas, car le rapport que j'ai lu est le rapport de la Bourse des coopératives. Vous venez donc de me congratuler, et c'est justement ce que vous reprochez aux autres. (*Applaudissements*).

Le citoyen ANSEELE. — Je demande la permission de de dire deux mots sur cette importante idée, que la citoyenne Réville a tort de négliger.

Je prends un exemple. Supposons qu'en France, au point de vue de la coopération, vous soyez très forts, si forts que vous puissiez faire diminuer le prix des denrées alimentaires, vendues par le commerce, de 10 % par exemple.

Eh bien, supposons que vous ayez des conseils municipaux qui soient tous réactionnaires et hostiles à la classe ouvrière et que vous ayez un gouvernement réactionnaire appuyé par une majorité ennemie de la classe ouvrière. Il suffira d'une simple loi augmentant les droits d'entrée sur le blé, sur les autres denrées alimentaires, loi qui peut être approuvée dans les 24 heures, et dans une minute vous aurez perdu tous les avantages dont vous aviez pu bénéficier, que vos succès coopérateurs avaient pu produire au bout de plusieurs semaines et de mois de lutte. *(Applaudissements)*.

Vous ne pourrez jamais, seriez-vous aussi riches que toutes les coopératives du monde réunies, aussi forts que toutes les coopératives du monde réunies, vous ne saurez jamais avoir le pain aussi bon marché qu'en Belgique, à cause de la mauvaise loi des droits d'entrée que la réaction vous empêche d'abroger. Et la plus riche des coopératives, je le répète, ne pourra jamais faire changer cet état de choses. *(Applaudissements)*.

Je ne discute, en ce moment, ni le protectionnisme ni le libre échange. Je dis que si la classe ouvrière veut faire adopter dans un Congrès que, pour arriver à son émancipation complète, elle doit arriver à la possession du sol, du sous-sol, à l'administration générale du travail, vous ne saurez jamais, avec vos coopératives, avec tous vos syndicats, sans force politique, sans cette arme indispensable, arriver à votre émancipation complète. *(Applaudissements)*.

Le citoyen DELORY. — Je ne veux pas moi non plus faire un long discours. Je tiens simplement à apporter quelques observations au rapport qui vous a été lu tout à l'heure.

J'ai vu, avec un certain plaisir, que les camarades chargés de la rédaction de ce rapport ont émis des idées très généreuses, très avancées, mais je crois devoir les mettre en garde contre leurs propres sentiments. Je crois que ce rapport contient des prescriptions tellement sévères pour les coopératives que vous allez les repousser définitivement.

Vous voulez faire franchir aux coopératives un pas trop long.

Comme les conditions économiques ne sont pas les mêmes dans les diverses régions de France, vous n'aurez pas la possibilité d'imposer cette égalité de règlements que vous imposez.

Vous demandez également l'abonnement obligatoire au journal. Cela peut ne pas avoir d'inconvénients si cet abonnement ne représente pour la société qu'une dépense minima ; mais s'il est onéreux pour ces sociétés, cette imposition de dépenses fera diminuer le tant % partagé aux Sociétaires.

D'autre part vous dites que pour être coopérateur il faut être socialiste. Je ne suis pas d'accord avec vous sur ce point. La coopérative n'est que l'école primaire du socialisme, dont le syndicat est l'école secondaire. Si vous exigez que, pour entrer dans une coopérative, on soit socialiste, vous vous mettez dans la même situation que celui qui dirait: « pour qu'un enfant aille à l'école, il faut qu'il sache lire ».

Au contraire, laissez entrer dans les coopératives tous ceux qui veulent y venir ; vous les aurez là, à côté de vous, et là vous n'aurez qu'à leur faire comprendre qu'il ne suffit pas d'être coopérateur, mais qu'il faut être socialiste.

Vous dites également qu'il serait utile que les coopératives donnent 5o % de leurs bénéfices pour la propagande socialiste. Si vous exigez un pareil sacrifice, c'est à bref délai la disparition de toutes coopératives socialistes. Si ce prélèvement existait, voici à quoi nous arriverions.

Je prends l'*Union* de Lille, qui l'année dernière a fait 164.464 francs d'affaires. D'après ses règlements, 2 % sont retenus sur le chiffre d'affaires, dont 1/3 pour constituer des secours pour les coopérateurs malades ou blessés, 1/3 pour la propagande socialiste. Ce tiers représentait, pour 1899, 7.763 francs qui ont été versés dans la caisse du comité fédéral. Si votre résolution était adoptée, l'Union de Lille aurait été obligée de verser 149.340 francs et alors, dans ces conditions, vous auriez réduit la part qui revenait à chaque coopérateur dans de telles proportions, que justement vos adversaires de classe auraient immédiatement créé une coopérative bourgeoise où l'on aurait distribué des bénéfices supérieurs aux vôtres, et l'intérêt dirigeant la ménagère aurait poussé celle-ci à s'approvisionner à la coopérative bourgeoise.

Si je prends l'exemple de Bruxelles, en 1898, il y a eu 312.000 francs de bénéfices, et l'on a versé 15.020 francs pour la propagande. Si votre règlement avait été en vigueur, on aurait dû verser 156.000 francs.

Je reconnais avec vous que ce serait excessivement beau, mais, comme ce prélèvement énorme aurait diminué d'autant la part revenant à chaque adhérent, il serait arrivé que la Maison du Peuple de Bruxelles, au lieu de prospérer d'une façon étonnante, aurait été obligée de vendre ses immeubles, pour liquider sa situation.

Je crois qu'en tout il ne faut pas pousser les choses à l'extrême.

Moi non plus je ne suis pas partisan que les coopératives entrent directement dans les luttes électorales. Il faut que nous fassions de nos propres organisations ce que la bourgeoisie fait des siennes. Il faut organiser le travail.

Il faut que les coopératives soient les champs dans lesquels le peuple ensemencera et qui porteront une récolte de gros sous, et non les caisses où les divers partis iront chercher leurs munitions électorales.

Dans le Nord — et il y a ici des représentants de toutes les coopératives —, l'on s'entend beaucoup. Les coopérateurs s'occupent de produire des bénéfices et les représentants du comité politique sont invités à venir toucher leur quote-part; lui seul dirige l'action électorale, et, quand la quote-part est insuffisante, parce qu'il y aura eu un moment d'agitation imprévue, grève, élection.., la coopérative se réunit à nouveau et vote des subsides extraordinaires. Voilà tout son rôle politique. (*Applaudissements*).

Permettez-moi de vous dire que si je suis adversaire de cette action directe des coopératives sur le terrain politique, c'est parce que, comme je vous l'ai demandé tout à l'heure, je vous prie de vouloir bien admettre dans ces coopératives tous ceux qui voudront y venir, sans se préoccuper de leurs idées au point de vue politique.

Si vous admettez ce principe, vous ne pouvez plus admettre l'autre.

En effet, que sera cette action électorale franchement socialiste ? Ne craignez-vous pas que, pour des besoins de combinaisons politiques, on n'en arrive à détruire le principe fondamental pour avoir des candidats avec des programmes plus ou moins radicaux, plus ou moins bourgeois ? C'est ce qu'il faut éviter avant tout.

D'un autre côté, il est question de ne créer qu'une coopérative par localité. Je crois que cette mesure ne doit pas être absolue, sans possibilité d'en sortir.

Si nous acceptons cette manière de faire, vous aurez de grandes agglomérations, comme Paris, où il n'y aura qu'une coopérative. Cela peut des fois ne pas présenter des inconvénients, mais vous aurez des quantités de petites localités qui se touchent et qui diront : « Nous avons le droit d'avoir chacune notre coopérative ».

Nous voudrions qu'il se trouvât des gens assez conciliants pour consentir que dans telle localité il n'y ait pas d'inconvénient à ce qu'il y ait trois ou quatre coopératives, mais que, dans d'autres groupes de localités, l'on ne formera qu'une coopérative, parce que le nombre des adhérents sera insuffisant.

Pour me résumer et conclure, voici ce que je vous proposerai : c'est que la commission qui sera nommée tout à l'heure, et qu'on pourrait prendre parmi les camarades de Paris ou des environs, aurait à tenir compte des observations produites ici, à faire un règlement-type qui serait envoyé à chaque Société coopérative, et, dans un délai à déterminer, chaque Société aurait pour devoir de communiquer ses observations. La commission se réunirait à nouveau et rédigerait un deuxième règlement, et, dans un prochain Congrès, nous établirions un règlement définitif qui deviendrait la charte de toutes les coopératives de France, — je dis de France, camarades, parce qu'au point de vue du règlement, nous ne pouvons pas songer à l'étendre internationalement, parce que, si en Belgique et en France il nous est permis de mettre dans notre règlement qu'un tant % sur le chiffre d'affaires sera affecté à la propagande socialiste, cela ne pourrait se faire dans des pays comme l'Espagne, l'Italie, l'Allemagne, parce que l'inscription d'une telle clause dans les statuts ferait condamner et dissoudre la coopérative.

Je vous demande la nomination de cette commission, et il serait convenu qu'au prochain Congrès, seules auraient le droit d'assister les coopératives qui auraient déjà inscrit dans leur règlement une somme de tant pour la propagande socialiste et qui apporteraient la preuve que cette somme est versée.

Le citoyen JULLIEN (*Maison du Peuple*, de Boulogne).— Si l'on admet qu'un rapport a surtout pour but de donner des indications, d'éclairer les membres du Congrès, on peut juger à deux points de vue le rapport de la Bourse des coopératives.

Dans ce rapport, il y a une partie théorique dans laquelle on a exposé les principes sur lesquels devait reposer la coopération socialiste, et de cette partie l'on ne peut faire trop d'éloges. Il y a ensuite une partie pratique dans laquelle on a voulu s'occuper plutôt de règlements : je crois que cette partie est très critiquable.

On a voulu prévoir la composition du Conseil d'Administration, les relations entre le Conseil d'Administration et les Employés, etc.; on a voulu, en un mot, prévoir l'organisation, l'administration et le contrôle. Je dis que

cela est vain, cela ne regarde pas la Coopération socialiste ;
cela regarde aussi bien la Coopération bourgeoise, et cela
n'est pas de notre ressort. Vous arrivez à des résolutions
comme celles qui nous ont été présentées, qui sont un
amalgame presque incompréhensible.

Si l'on s'était borné dans cet exposé à présider dans
4 ou 5 articles les principes qui doivent servir de base
aux articles fondamentaux des statuts sans lesquels une
coopérative ne peut s'appeler socialiste, cela aurait été
plus pratique, et on aurait pu faire du meilleur travail.

D'abord croyez-vous qu'il soit possible d'établir des
statuts s'appliquant à toutes les coopératives ? Vous croyez
qu'il ne faut pas établir des différences entre les populations, entre les milieux dans lesquels fonctionnent ces
sociétés ?

Permettez-moi de vous citer un exemple convaincant.
Pour étendre sur tout notre pays ce beau mouvement des
Universités populaires, on avait commencé par faire des
statuts-types auxquels toutes les Universités populaires
devaient se soumettre ; on avait fondé quelque chose
comme un organisme central auquel devaient aboutir
toutes les créations similaires; on n'a pas tardé à renoncer
à cette centralisation arbitraire, car l'on a reconnu qu'on
s'était trompé.

La Société centrale a dit : « Fondez-vous partout à
votre guise, organisez-vous suivant la population, suivant
le milieu. Nous aurons simplement un organisme central
qui sera simplement un bureau de renseignements, qui
vous donnera tous les concours matériels et moraux qu'il
pourra vous donner. » On a ainsi fait une excellente be-

sogne. — Eh bien, il doit en être de même pour les coopératives.

Guillemin vous a déjà fait une brochure excellente que vous devez connaître, et certainement beaucoup d'entre vous se sont reportés à cette brochure pour connaître à fond la question qui vous occupe.

Pourquoi donc nous déranger, nous coopérateurs socialistes, pour faire une besogne de coopérateurs ordinaires? (*Bien! Très bien!*)

Vous avez voulu prévoir le mode d'administration des Sociétés coopératives. Et vous n'avez tenu aucun compte des différences de milieu. Ainsi, à Amiens, on a adopté un procédé excellent. Les coopérateurs ne s'occupent pas du tout des administrateurs, qui sont nommés par les syndicats de l'endroit, qui délèguent chacun un certain nombre de membres.

Voilà un procédé tout à fait différent, un procédé excellent. Il est donc bon de laisser faire chacun comme bon lui semble.

Vous nous avez parlé d'un contrôle composé de membres nommés tous les ans pour empêcher toute camaraderie. Delory vous a montré qu'en voulant trop préciser, l'on risquerait de gêner le développement des sociétés et d'empêcher la création des nouvelles.

On nous a même parlé de la réception des fournisseurs, et toute coopérative socialiste devra recevoir ses fournisseurs absolument comme les autres. Vous sentez combien cela est enfantin.

On vous a parlé de mille choses qui n'ont rien de commun avec le socialisme.

Je vous fais remarquer tout cela pour que votre commission de résolution ne s'occupe pas de tous ces détails mesquins, et puisse se retrouver au milieu d'une quantité de résolutions où elle ne pourrait plus se reconnaître.

En outre, il y a une proposition un peu prématurée. On nous a parlé de la lutte électorale, que devraient soutenir désormais les coopératives. C'est là une très grosse question, et, s'il me fallait donner mon avis tout de suite, je ne le pourrais pas. Je n'ai pu me faire une opinion, car il y a d'excellentes raisons pour et d'excellentes raisons contre.

Je crois que c'est une question assez importante; je dirai même vitale pour les organisations coopératives de France, attendu que c'est quelque chose de nouveau qu'on veut imposer à ces associations.

C'est pourquoi il vaut mieux s'adresser à toutes ces organisations, mettre la question à l'ordre du jour d'un prochain Congrès, et alors, pour ma part, j'aurai peut-être une opinion personnelle sur cette question, et vous aussi, je suppose.

Il y a une autre proposition, d'après laquelle il n'y aura qu'une seule coopérative par ville. Je vous ferai remarquer qu'une coopérative n'est pas seulement un organisme qui permet d'acheter les produits meilleur marché et de se répartir ensuite les bénéfices réalisés sur les prix d'achat, un organisme qui permet de faire rentrer de l'argent dans la caisse des partis politiques ; c'est aussi et surtout un organisme économique qui a sa valeur morale propre.

Vous faites principalement l'éducation des camarades adhérents. Croyez-vous qu'une coopérative qui comprend 18.000 membres, par exemple, rende de grands services au point de vue moral, mette les camarades au courant des divers rouages, si compliqués, de l'échange moderne ? Je crois plutôt à l'efficacité, à l'utilité des coopératives majeures qui se meuvent dans une sphère plus ou moins large.

Vous voyez donc qu'il y a des raisons pour et contre la proposition. Il serait donc bon de mettre cette question à l'ordre du jour du prochain Congrès.

En dehors des questions inutiles et prématurées, il y a une autre grosse question plus grave. J'estime qu'à mon avis, le rapport aurait dû indiquer quelles sont les grandes lignes qui doivent guider les coopératives socialistes. Le rapport aurait pu se borner pour la première partie à vous proposer certaines résolutions que vous auriez pu adopter dans ce Congrès même à la séance de demain ou d'après-demain.

En outre, vous parlez de coopératives socialistes et vous oubliez de nous dire quelle sera la caractéristique de ces coopératives. La première, ce sera de faire adopter la fameuse formule de la lutte des classes et de l'entente internationale des travailleurs (*Applaudissements*).

Un délégué. — La loi ne le permet pas.

Le citoyen JULLIEN. — C'est possible, mais cependant la loi n'empêche pas une assemblée générale de prendre une décision pareille. Nous l'avons prise, nous autres.

Vous avez prévu le prélèvement des bénéfices pour la propagande seulement, vous avez oublié le plus important. Que ferez-vous de la réserve, et croyez-vous qu'au point de vue socialiste, la réserve ne soit pas ce qu'il y a de plus important ?...

Un délégué. — Mais c'est écrit.

Le citoyen Jullien. — Je ne dis plus rien...

Le citoyen Guillemin. — Il y a bien des choses que vous critiquez et que vous n'avez certainement pas bien comprises.

Le citoyen Jullien. — Je me trompe peut-être sur ce point-là. Vous l'avez dit dans la première partie et vous ne l'avez pas mis dans vos résolutions. La coopérative socialiste doit être un modèle et montrer à la classe capitaliste ce que peut faire la classe ouvrière dans l'état économique actuel.

Il importe également de s'occuper des relations entre le personnel coopératif et les directeurs. Il doit être indiqué que les divers employés des coopératives jouiront des conditions de travail réclamées par leur syndicat respectif. (*Applaudissements*).

Vous auriez dû parler de la création d'organismes de production. Je crois que l'avenir des coopératives socialistes sera assuré lorsque les Sociétés de consommation seront assez puissantes pour former de vastes Sociétés de production qui seront bien à elles. C'est ainsi que vous pourrez transformer la société capitaliste.

Enfin la dernière chose qu'on aurait dû mentionner, c'est que la coopérative doit être une école de morale. Elle doit, dans l'état actuel des choses, réaliser toutes les améliorations morales possibles. Si l'on s'était fait un devoir d'affirmer les principes, on n'aurait pas été victime de l'irresponsabilité des électeurs antisémites. (*Applaudissements*).

Le citoyen Aubriot (*Émancipation du XV*). — Je n'avais pas l'intention de prendre la parole dans ce débat, parce que je pensais qu'étant donné le grand nombre des orateurs inscrits. certainement, toutes les questions, après la discussion, finiraient par être élucidées.

Mais je crois que, dans cette discussion, justement, il y a souvent confusion, et je regrette — et je crois qu'en ceci je suis d'accord avec l'orateur qui vient de parler — que la motion que le citoyen Mauss nous proposait au début n'ait pas été votée, en vertu de laquelle on se serait occupé d'abord du principe, à savoir si les coopératives doivent être socialistes ou non, et ensuite de la question des problèmes, je ne dirai pas secondaires, car ils sont importants, mais qui seraient la conséquence même du vote de ce principe.

Et notamment, il y a confusion quand on vient dire ou plutôt quand on vient discuter au sujet des mesures de détails qui ont été proposées par la Commission de la Bourse des coopératives.

On est venu discuter ici la question de savoir s'il est nécessaire de fonder un organe du mouvement coopératif, et l'on est venu vous présenter les difficultés de la création de cet organe. Mais est-ce que ces difficultés sont une raison suffisante pour que nous ne fassions pas tout notre possible pour créer cet organe si avantageux et dont les résultats seront évidemment supérieurs aux difficultés que nous pourrons rencontrer ? Est-ce que tous ces avantages ne sont pas d'une nature telle qu'ils nous feront vaincre toutes les difficultés ?

On est venu contester aussi qu'il ne doive y avoir, autant que possible, qu'une coopérative dans chaque centre, c'est-à-dire qu'une coopérative étant créée, il ne se fonde pas, à côté de cette coopérative, une autre coopérative, venant lui faire concurrence. C'est une situation qui se présente assez souvent pour que la Commission de la Bourse des coopératives ait cru nécessaire d'examiner la question et de vous proposer une résolution sur ce sujet, et il me semble que les vues émises par la Bourse des coopératives obtiendront certainement de la part des socialistes la majorité des suffrages, parce que je crois que l'action, concentrée en quelque sorte, d'une société coopérative unique sera supérieure à l'action diminuée de plusieurs petites coopératives. Et si je m'étonne d'une chose qui s'est présentée souvent au cours des débats que nous avons depuis hier après-midi, je vois que bon nombre des orateurs qui se sont succédé à la tribune créent — je prendrai le mot puisqu'il rend ma pensée — un *antagonisme* entre les petites sociétés coopératives et les grandes sociétés coopératives, comme si au fond les petites sociétés coopératives comme les grandes sociétés coopératives ne poursuivaient pas le même but, et n'étaient pas, les unes aussi bien que les autres, des moyens propres à réaliser ce but. Pourquoi donc essayer de diviser les coopératives, selon leur plus ou moins d'importance, en grandes et petites coopératives ? C'est justement pour tâcher d'éliminer de la coopération socialiste cette situation et cet antagonisme que la Commission de la Bourse des coopératives a cru bon d'émettre le vœu que dans chaque centre il n'y ait qu'une société coopérative.

On est venu aussi discuter la question de l'action électorale dans les sociétés coopératives, et on est venu la discuter, je crois, en se plaçant à un point de vue qui me semble ne pas être le bon.

On est venu discuter la question de l'action électorale dans les sociétés coopératives comme si ces sociétés

coopératives avaient dû être tout simplement de grands
ou de petits comités électoraux. On a représenté l'action
électorale dans les sociétés coopératives comme devant
être soumise non pas à la direction générale de l'idée
socialiste, mais détournée la plupart du temps au bénéfice
de certaines individualités. Mais il me semble que l'organisation même de la société coopérative est tout à fait
contraire aux entreprises individuelles que l'on semble
craindre. Une coopérative ne pourra jamais avoir le caractère d'un comité électoral fermé, mais elle devra s'appliquer à faire l'éducation populaire au point de vue des
idées et du but à atteindre par le prolétariat, ce qui est
complètement différent. (*Applaudissements*).

Et je m'étonne justement que l'on se soit attardé sur
cette question intéressante assurément à discuter, je n'en
disconviens pas, au lieu de s'attacher d'abord au principe
même de la coopération socialiste, qui est de beaucoup la
plus importante des résolutions que nous allons prendre
dans ce Congrès.

Quand la Commission nous a présenté son rapport au
sujet de la coopération socialiste, à quel point de vue
s'est-elle placée ? Moi, je crois pouvoir le dire sans être
démenti. Elle s'est placée au point de vue du principe
socialiste. En outre de la lutte économique entre deux
classes, il y a autre chose, à l'heure actuelle, qui ne fait
aucun doute, c'est que la force ouvrière prolétarienne
dispose d'une force de consommation considérable, et il y
a une autre chose non moins certaine, c'est que les bénéfices de cette force de consommation s'en vont tout droit
dans les poches de la classe qui est l'ennemie née de la
classe ouvrière. La coopération socialiste a pour but

précisément de détourner à notre profit l'accumulation de
bénéfices qui résulte de la force de consommation du
prolétariat.

Par conséquent, c'est sur ce principe d'abord qu'il faut
s'entendre, et je crains que, dans la discussion qui s'égare,
nous ne le perdions de vue.

Sommes-nous d'accord sur cette idée qu'il faut que la
classe bourgeoise ne profite plus des bénéfices qu'elle
prélève sur le peuple qui consomme les produits de son
industrie ou de son commerce ? Ne sommes-nous pas au
contraire d'accord sur cette question ? — Voilà, je crois,
ce qu'il faut trancher. Ensuite nous pourrons examiner
avec un esprit plus ouvert les autres points en discussion,
puisque nous serons tombés d'accord sur le point essentiel.
Nous examinerons alors les questions particulières d'organisation.

Je veux, pour terminer, ajouter quelques mots. Je ne
crois pas que le principe ait rencontré parmi vous beaucoup d'adversaires. Pourtant, déjà, non pas des contradic-
tions, mais des hésitations, mais des timidités, se sont fait
jour dans les paroles des orateurs qui m'ont précédé à la
tribune ; quelques-uns ont dit : « Oui, nous désirons que la
coopération soit socialiste, mais peut-être ne faut-il pas le
crier trop haut, pour laisser venir à nous tous ceux qui,
étant à même d'être coopérateurs, reculeraient peut-être
devant la coopération à cause du mot socialiste. » — Eh
bien, je crois, citoyens, je suis fermement persuadé que
ce n'est pas une raison qui doive nous arrêter, mais que
c'est au contraire une raison qui doit nous inciter à
marcher dans ce sens.

Et voici pourquoi je suis de cet avis. Si dans la coopération, ayant ce but bien déterminé d'être — suivant une expression dont on s'est servi — un commencement d'expropriation capitaliste. vous laissez venir des gens, sans les avertir du but que nous voulons atteindre, il y aura des gens qui peut-être se laisseront séduire par l'appât du trop-perçu, et il est à craindre que justement nous ne soyons détournés du grand but par les camarades, par la masse de ceux qui n'assigneront pas aux coopératives le but que nous voulons atteindre. (*Applaudissements*).

Par conséquent je crois qu'il est nécessaire, absolument indispensable, que tous ceux qui voient dans la coopérative non pas le but mais le moyen et un des moyens d'arriver à l'émancipation intégrale du prolétariat, il est nécessaire que ceux-là l'affirment hautement, et qu'ils fassent bien sentir à ceux qui veulent venir à eux qu'il faut y venir ayant les mêmes idées et le même but qu'eux. (*Applaudissements*).

Mais, dira-t-on — et l'objection a sa valeur, je ne. le méconnais pas, — ainsi l'on ne profite pas, non pas du concours moral mais du concours financier d'une grande partie de la classe prolétarienne, qui, n'étant pas encore assez consciente de ses destinées, se refusera à entrer dans une coopération ayant nettement pour but d'arriver à l'émancipation intégrale du prolétariat.

Je dis que ce concours financier, qui nous est utile par cela même que nous devons avoir un fonds de réserve et une caisse de propagande, nous l'aurons même de la part de ceux qui ne verront pas dans la coopérative la même chose que nous, parce que nous ne ferons pas des coopératives fermées, mais de larges coopératives ouvertes à tous, qu'il soient sociétaires ou qu'ils ne soient pas sociétaires. (*Applaudissements*).

Et par conséquent tout ce concours financier dont nous avons certainement besoin, nous l'aurons dans une mesure encore bien plus large, parce que je crois juste en principe de donner, à tous les acheteurs, les mêmes droits qu'aux sociétaires. Et ces avantages que nous ferons aux simples acheteurs de nos coopératives les amèneront certainement à venir consommer dans nos coopératives.

Par conséquent, je crois que les timidités ou les hésitations ne sont pas de mise dans une pareille question, et que sur le principe même de la coopération socialiste nous devons d'une façon franche, entière, sans aucun inconvénient, déclarer notre manière de voir.

Le prolétariat organisé et conscient, qui certainement n'est jamais qu'une minorité, trouvera dans l'affirmation même de nos principes socialistes une force qui lui permettra de réveiller la masse de sa torpeur, de la porter à marcher à la conquête de cette émancipation dont elle a besoin et dont elle ne s'est quelquefois pas assez rendu compte. (*Applaudissements*).

Et c'est à nous de lui montrer justement tout le bénéfice d'un bien-être physique et d'un bien-être moral, d'un développement intégral qu'elle peut tirer de la coopération socialiste.

Quand l'artiste se trouve devant le bloc de marbre dont il doit tirer son œuvre, il a confusément dans son esprit la forme de cette œuvre d'art, mais, s'il reste perpétuellement en contemplation devant cette masse inerte, s'il ne prend pas hardiment son ciseau et son marteau pour faire jaillir de la confusion de ce bloc de marbre l'image de ses rêves, pourrons-nous dire réellement que c'est un artiste ? Ne dirons-nous pas que c'est un homme incapable d'extraire quelque chose de lui-même ?

De même nous pourrons dire au prolétariat : « Confusément en toi s'éveillent des idées d'émancipation. Déjà les grandes lignes de la Société future se sont dessinées dans ton esprit. Voici qu'après de longues et patientes études, des recherches passionnées et des discussions ardentes, nous avons trouvé justement dans l'action coopérative un outil pour réaliser cette société future. Et tu hésiterais ? Cela n'est pas possible ! »

Je suis persuadé que par la simple affirmation franche, loyale et catégorique de nos principes nous intéresserons à notre œuvre nombre d'hésitants qui peut-être resteront indifférents si nous gardons notre drapeau dans notre poche. (*Applaudissements prolongés*).

Le citoyen Léonard, député de Charleroi. — Après les compagnons qui viennent de parler, il restera peu de chose à dire.

La coopération doit être socialiste, et nous avons prouvé que, là où le socialisme était puissant, la coopération était prospère.

Il y a eu, il y a quelques années, des gens qui disaient que marcher dans la voie politique, s'occuper de questions électorales dans le domaine de la coopération, c'était empêcher le développement des coopératives. C'était une erreur, car là où les coopératives sont devenues des coopératives politiques appuyant le mouvement socialiste, elles se sont développées, elles sont devenues de grandes et puissantes coopératives.

Voyez la coopérative de la Maison du Peuple de

Bruxelles, les coopératives de Jolimont, le *Vooruit*, la
Concordia, etc.. ; toutes ces coopératives, qui ont fait
de la politique militante, ont réalisé de véritables progrès ;
et l'on voit la masse ouvrière venir de plus en plus dans
le domaine de la Coopérative socialiste. (*Applaudissements*).

En 1894, nous avons donné toutes nos réserves pour
la propagande électorale, et la coopérative que je
représente en particulier a donné 25.000 francs pour
assurer l'élection des députés ouvriers à la Chambre
Belge. (*Applaudissements*).

C'était la première fois qu'on luttait, il fallait beaucoup
d'argent, et ce sont les coopératives socialistes qui ont
dit : « Venez à notre ban et nous vous concéderons
nos bénéfices. » On a donné 25.000 francs. Nous n'avons
pas seulement fait élire des députés, mais nous avons
ainsi pu distribuer des milliers et des milliers de circulaires et de brochures. (*Applaudissements répétés*).

Et quand la campagne électorale a été terminée, nous
avons dit à la classe ouvrière : « Oui, nous avons dépensé
25.000 francs pour la propagande, mais nous avons
répandu dans les milieux ouvriers des centaines de
milliers de brochures, de journaux, de circulaires coopératives et socialistes, et le résultat de notre propagande a
été celui-ci, c'est que dans l'arrondissement de Charleroi,
nous avons fait élire huit députés ouvriers. » (*Applaudissements*).

Depuis lors, camarades, nos coopératives se sont
développées. Depuis 1894 que la Maison du Peuple de
Bruxelles est créée, elle n'a cessé de se développer. Il a
fallu installer de nouveaux fours. Aujourd'hui cette Mai-

son du Peuple de Bruxelles est un palais à l'inauguration duquel a assisté le citoyen Jaurès.

Et il en est ainsi dans toute la Belgique, de telle sorte qu'au lieu d'avoir perdu du terrain nous en avons gagné considérablement par notre participation franche à la lutte politique électorale. (*Applaudissements*).

Et pour vous donner des chiffres, je prends une coopérative, celle de Roux : en 1894. elle avait 470 coopérateurs, et aujourd'hui elle en a 26.000. Depuis le 1er janvier 1900 jusqu'au 30 juin, il y a 1.010 nouveaux adhérents.

On fabriquait 710 pains par jour, et aujourd'hui l'on en fabrique 6.200.

Vous voyez donc qu'il ne faut pas avoir de crainte à ce sujet...

Le citoyen JAURÈS. — Très bien.

Le citoyen LÉONARD. — ... qu'il faut aller franchement à la coopération socialiste, qui est un moyen d'expropriation de la société capitaliste. (*Applaudissements*).

Chaque fois que nous avons monté une fabrique, nous avons créé une machine qui est un outil appartenant au prolétariat, et si en France, camarades, vous étiez unis comme en Belgique...

Le citoyen JAURÈS. — Très bien. (*Applaudissements prolongés*).

Le citoyen LÉONARD. — ...si vous étiez indivisibles dans le domaine politique comme dans le domaine économique, syndical et corporatif. vous remporteriez de grandes victoires, aussi bien dans le domaine de la coopération que dans les domaines économique. syndical et politique. (*Applaudissements*).

Il faut que la fraternité soit le but de nos efforts.

Voyez notre pays de Belgique. Il n'y a aucune discordance ni en coopératisme, ni en politique. Il y a quelquefois de la chaleur dans les discussions, mais aussitôt qu'une résolution a été votée, il n'y a plus de gens pour ou contre, il y a accord unanime. (*Applaudissements*).

Il y a eu dimanche huit jours, toutes les coopératives de consommation ont décidé de se réunir pour fonder la Fédération nationale des Sociétés coopératives belges. (*Applaudissements*). Et grâce à la Fédération nous aurons bientôt non plus seulement des fabriques de pain, mais des fabriques de tissage, de chaussures, et il est fort possible que nous ayons bientôt des charbonnages.

La Coopérative socialiste préparera la chute de la société capitaliste. (*Applaudissements prolongés*).

Un ban est décidé et conclu par les cris de *Vive la sociale, vive l'Internationale !*

Le citoyen JAURÈS (la Boulangerie socialiste). — Je n'ai que très peu de mots à dire après les admirables paroles et les conseils excellents de notre camarade belge. Je veux seulement préciser la façon dont la question se pose pour nous, premier Congrès des coopératives socialistes.

Il n'est pas douteux qu'il s'est présenté des questions ou trop complexes ou prématurées, où nous ne pouvons pas entrer. C'est pourquoi quelques-unes des observations du citoyen Jullien m'ont paru exactes. Nous n'avons pas à entrer dans la réglementation des coopératives, mais seulement dans l'affirmation de ces principes qui doivent faire passer la coopération de l'état égoïste et bourgeois à l'état socialiste.

Eh bien, il est peut-être aussi prématuré en un sens de résoudre la question de la participation ouverte, directe des coopératives aux luttes électorales. Non pas que la coopération socialiste puisse se désintéresser de l'action politique, de l'action électorale ; mais notre camarade belge a eu raison de mettre la main sur notre blessure, pour que notre blessure crie, appelle la guérison : s'il est prématuré de demander aux coopératives socialistes en France de participer directement et ouvertement à la lutte électorale. c'est parce qu'elles pourraient avoir à choisir trop souvent entre plusieurs candidats socialistes. La première chose à faire, c'est l'unité du parti. (*Applaudissements*).

Eh oui ! cette unité n'effacera pas les dissidences. Nous ne sommes pas. malgré la fermeté de nos principes, une église ou une orthodoxie qui bannira ceux qui veulent discuter. Il y aura toujours discussion entre nous sur quelques questions de tactique ou de méthode. Mais lorsque les rivalités anciennes et traditionnelles des organisations ennemies, lorsque les rivalités personnelles qui naissent naturellement de ces rivalités d'organisation. de tactique, se seront évanouies, quand l'unité socialiste sera faite. il y aura discussion, il n'y aura pas désunion. (*Applaudissements*).

Donc, c'est à faire l'unité socialiste que nous devons travailler. si nous voulons que la coopération socialiste produise tout son effet. Mais, citoyens, si nous ne pouvons pas encore entrer dans le plein de l'action politique parce que nous ne sommes pas constitués, il faut — et c'est

notre premier objet — que nous affirmions, avec une
netteté qui ne laisse place à aucun doute, que la coopération est socialiste, et à ce point de vue je ne comprends
pas très bien les réserves qu'a faites à ce sujet notre
camarade Delory.

Oui, il y a diversité d'organes et diversité de fonctions
dans l'ordre socialiste. Le syndicat n'a pas le même objet
que la coopérative. Le syndicat et la coopérative n'ont
pas le même objet que le groupe politique proprement
dit. Mais de ce que le syndicat, la coopérative, le groupe
politique socialiste n'ont pas le même objet, il n'en résulte
pas que ces organismes ne doivent pas se rapprocher
fortement et coopérer à l'action socialiste commune. Et
plus les fonctions de ces organismes sont diverses, plus il
faut que ces organismes forment un faisceau compact, et
fusionnent dans l'unité supérieure de la pensée socialiste.

Je sais bien, Delory, que non seulement c'est aussi
votre pensée, mais que c'est la pratique même de nos
camarades du Nord, et c'est la raison qui fait que je n'ai
pas pu comprendre vos réserves. Vous paraissez craindre
que, si l'on dit ouvertement : « Pour être sociétaire coopérateur, il faut être socialiste ». une partie des bénéfices...

Le citoyen DELORY. — Je demande à dire deux mots.
C'est le rapport qui dit qu'à l'avenir pour être coopérateur
il faut être socialiste. J'ai fait simplement cette observation : je ne crois pas que cela soit utile.

D'autre part, l'observation que j'ai faite, c'est que si
nous faisons de l'action électorale, je crois que c'est un
Comité spécial qui doit s'occuper de l'action électorale,
comme cela se passe dans le Nord ; tandis que nous avons

cru que le rapport disait : les Sociétés coopératives s'occuperont directement de la lutte électorale.

Le citoyen JAURÈS. — A l'Assemblée générale de la Coopérative, on a voté que tant pour cent sur le chiffre d'affaires est attribué à la propagande socialiste. Donc nous sommes d'accord, et il était utile de s'expliquer, et je conclus simplement que nous devons instituer une caisse de propagande générale, systématique.

Une voix. — Naturellement.

Le citoyen JAURÈS. — Nous sommes d'accord pour diriger l'orientation de la Coopération vers le socialisme, et je crois que nous n'entraînerons pas la classe ouvrière par des réticences, par des à peu près ; il faudra mieux que des timidités et des réticences. (*Applaudissements*).

Eh bien, pratiquement, comment la question se pose-t-elle ? Il me semble, citoyens, qu'elle devrait être résolue par le seul fait que vous êtes ici : par le seul fait que vous assistez à un Congrès des coopératives socialistes, l'adhé-. sion des coopératives au socialisme se trouve absolument proclamée. Mais beaucoup de camarades ont dit que bien des délégués ici présents représentaient, il est vrai, leur Conseil d'administration, mais n'avaient pas de mandat de leur Assemblée. Or, il est bien clair, quelle que soit l'autorité morale des militants qui sont dans le Conseil d'administration, qu'il n'y a adhésion des Sociétés coopératives que lorsque l'Assemblée générale elle-même a donné son adhésion, a accepté le principe.

Voilà pourquoi la première nécessité, c'est de faire une besogne pratique, positive, que nous aurons accomplie si tous les délégués, en sortant du Congrès des coopéra-. tives socialistes provisoire, prennent le soin, par une circulaire signée de toutes les coopératives ici présentes, d'avertir toutes les coopératives qu'on les prie,. dans l'intérêt du prolétariat et pour son émancipation, d'adhérer publiquement et officiellement aux principes du socialisme. (*Applaudissements*).

Une voix. — Pécuniairement.

Le citoyen JAURÈS. — Bien entendu. l'un entraîne l'autre ; mais ce sera déjà — et c'est, je crois. le premier résultat positif que nous puissions obtenir — ce sera déjà un résultat considérable, si toutes les coopératives sont invitées par vous, avec l'autorité que vous donne votre union même et votre caractère international. avec l'autorité que vous donne l'exemple admirable de nos camarades belges, — si ce Congrès coopératif international avise de ses résolutions toutes les coopératives, il y a là un premier résultat considérable.

Mais il ne suffit pas que la coopération devienne socialiste, il faut que le socialisme devienne coopérateur. (*Applaudissements*).

J'entends par là, non pas qu'il doive abandonner ou subordonner aucune autre forme d'action, non pas qu'il doive enlever sa primauté à l'action politique pour arriver à l'expropriation générale de la propriété capitaliste, mais j'entends par là qu'il ne doit pas avoir de prévention contre la coopération, et de même que vous dites aux coopérateurs : « Entrez dans le socialisme », il faut que les socialistes disent aux travailleurs : « Entrez dans les coopératives! » (*Applaudissements*).

Et pour que le parti socialiste le dise. il faut, camarades. que vous alliez le lui demander. (*Applaudissements....*) Et il vous est facile de le lui demander. Le dernier Congrès socialiste réuni à Paris a décidé que tous les syndicats et les coopératives qui reconnaissaient les principes du socialisme étaient un élément intégrant du parti socialiste. Cela est bien, mais combien y a-t-il de coopératives qui ont assisté à notre Congrès ou qui ont adhéré par la suite, je le demande à Andrieux, votre représentant au Comité général.

Le citoyen ANDRIEUX. — Il y en a 7 ou 8, et il y a 1.500 coopératives en France !

Le citoyen JAURÈS. — Si vous voulez que le socialisme vous appartienne, il faut que vous alliez à lui, et que l'unité de son but, l'unité de son idéal s'affirme dans l'action quotidienne.

Je conclus avec deux motions : c'est qu'au nom du Congrès toutes les coopératives adhèrent au socialisme, et que toutes soient invitées à adhérer au Congrès du Parti.

Cela marquera l'union féconde des deux éléments, et quand cette union sera sérieuse, quand le prolétariat verra que la force de l'idéal et de la pensée socialiste est avide des réalités quotidiennes, des améliorations obtenues par ces deux formes confondues, vous ne serez pas longs à réaliser votre but. (*Applaudissements.*)

Un ban est décidé.

Le citoyen CARILLON (*Moissonneuse*). — Le Comité général socialiste invite instamment tous les membres, tous les candidats à entrer dans les coopératives, à ne pas lutter contre elles, à ne pas les sacrifier aux intérêts électoraux.

Il cite des arrondissements de Paris où des élus socialistes combattent les coopératives pendant les élections et ont reconnu leur utilité au dernier Congrès socialiste.

Le citoyen GUILLEMIN. — Je vais lire la proposition du citoyen Jaurès.

Celui-ci vient la rédiger.

Le citoyen ANSEELE. — En attendant. je propose qu'on vote un pour cent minimum.

Un délégué. — Non sur les bénéfices, mais sur le chiffre d'affaires.

Une discussion confuse s'engage pendant laquelle Delory fait remarquer que dans le Nord il y a unité socialiste.

Le citoyen ANSEELE. — Si vous voulez que l'unité se fasse dans le parti socialiste, donnez l'exemple vous-même de l'unité dans le mouvement coopérateur.

Le citoyen JAURÈS. — Je n'ai fait que rédiger les motions que j'avais faites et je crois avoir traduit la pensée de la plupart d'entre vous.

Le Congrès socialiste coopératif international décide qu'un appel sera adressé en son nom à toutes les coopératives pour les inviter à adhérer au socialisme et à affirmer les principes essentiels formulés par le Congrès général du Parti.

Il décide en outre que le Parti socialiste sera prié de faire à tous les militants un devoir de participer à la coopération socialiste.

En outre, toutes les coopératives qui adhèrent au socialisme sont invitées à affirmer leur union avec le Parti en prenant part à ses congrès.

Le citoyen ANSEELE met aux voix la proposition Jaurès, qui est adoptée à l'unanimité par acclamation, aux cris de : Vive la Sociale, Vive l'Internationale !

Nouvelle discussion sur le prélèvement d'un tant %
pour la propagande

Un délégué. — Il y a des Sociétés qui seront très
gênées par cette proposition. Quand nous allons fonder
notre coopérative dans notre quartier, nous n'allons pas
avoir tout de suite des bénéfices et, l'année prochaine,
nous ne pourrons pas venir au Congrès, car nous n'aurons
pas le sou et nous n'aurons pas versé le tant %.

Le citoyen ANDRIEUX. — Je crois qu'il ne faudrait pas
pour la première année imposer un tant % sur les bénéfices. Contentez-vous de demander l'adhésion au socialisme. Je sais bien que les Sociétés du Nord prélèvent des
sommes importantes, mais je ne crois pas que nous
puissions imposer un prélèvement dès maintenant, car je
connais les inconvénients que l'on rencontre. Depuis
six mois il y a une adhésion au Comité général.

Je vous engage à maintenir simplement l'adhésion
obligatoire aux principes socialistes.

Le citoyen ANSEELE. — Je demande la permission de
dire un mot. Je crois que nous allons nous mettre d'accord.
Il y a dans la proposition de nos amis du Nord deux
choses : une question de principe, puis la question de
savoir combien la coopération socialiste doit verser pour
la propagande. Si nos amis du Nord voulaient changer
leur proposition en ce sens : « A chaque partage des
bénéfices, il sera prélevé une somme fixe, sans fixer la
quotité », l'on pourrait se mettre d'accord.

Le citoyen DELORY. — Qu'un délégué d'une autre
section fasse la proposition, nous n'y voyons pas d'inconvénient ; mais nous ne pouvons pas faire une pareille

proposition nous-mêmes, puisque les dix-sept Sociétés que nous représentons versent un pour cent.

Le citoyen ANDRIEUX. — Je prends la proposition pour mon compte.

Le citoyen ANSEELE. — Qui veut le plus veut le moins.

Le citoyen ANDRIEUX. — Je demande que le Congrès s'en tienne aux décisions du parti socialiste.

Un délégué dépose une motion d'ordre. On a interrompu d'abord la suite des orateurs inscrits. Depuis dix minutes il y quinze orateurs qui ont pris la parole. On finira par ne plus s'entendre.

Le citoyen ANSEELE. — Permettez-moi de vous dire que dans les dix dernières minutes l'on s'est mis d'accord sur la ligne générale. On a voté la proposition du citoyen Jaurès. Si maintenant la proposition de ces autres camarades est votée, le Congrès sera d'accord sur une vue générale, la principale, la participation des coopératives socialistes à la propagande (*Aux voix !*).

Le citoyen SAMSON se plaint qu'il n'ait pas encore eu la parole.

Le citoyen ANSEELE. — Il faut bien nous comprendre...
Plusieurs voix. — Nous nous en allons.
Le citoyen ANSEELE. — Il faut bien nous comprendre. Après le discours de Jaurès, j'ai demandé de renvoyer sa proposition à une Commission, et c'est le Congrès qui a demandé de voter tout de suite sur cette proposition. En votant la proposition de Jaurès, l'ordre des travaux du Congrès s'est trouvé changé en une minute.

Ensuite le Congrès a voulu prendre une autre décision et se prononcer sur la proposition Delory, amendée par Andrieux, à savoir que le Congrès décide que toutes les Coopératives socialistes verseront un tant % pour la propagande socialiste, sans qu'aucune somme ne soit fixée ni dans le vœu ni dans l'ordre du jour.

Un délégué demande la parole ; on lui fait observer qu'il est trop tard.

La proposition est votée à l'unaninité aux applaudissements de l'assistance.

Le citoyen ANSEELE. — On me dit qu'un vœu a été signé par plusieurs délégués. Il se trouve entre les mains du camarade Jullien.

« Le Congrès, considérant que le Socialisme doit se proposer l'affranchissement intégral des travailleurs, etc. »

Ce nouveau vœu sort de la question que nous traitons aujourd'hui. Je propose de remettre la discussion de ce vœu aux questions diverses.

Plusieurs voix. — D'accord !

Le citoyen SAMSON.   Nous avons été heureux dans le Nord lorsque nous avons reçu la circulaire du comité d'organisation de ce Congrès. Depuis 3 ans, dans notre région, nous faisions tous nos efforts pour arriver à une Fédération régionale, car nous savions qu'une société abandonnée à elle-même est impuissante à arriver à une situation suffisante pour pouvoir améliorer le sort des travailleurs et même arriver au développement de la coopération et de l'idée socialiste. Et nous pensions encore que, malgré la constitution de la Fédération de la région du Nord que nous poursuivions, nous étions quand même impuissants pour arriver au but que nous poursuivons tous, au développement de la coopération et à l'émancipation intégrale des travailleurs.

Nous avons donc été heureux de recevoir cette circulaire, d'autant plus heureux qu'à l'ordre du jour de ce Congrès était inscrite : *La Coopération socialiste.* — Et alors nous nous disions : Si nous pouvions trouver représentées là-bas toutes les coopératives, tout l'univers coopérateur, quelle force nous pourrions puiser là pour la propagande socialiste, ainsi que pour trouver le courage nécessaire et indispensable à la lutte !

A cette époque-là nous avons vu nos camarades belges, et tout à l'heure vous applaudissiez avec enthousiasme notre camarade Léonard, délégué de Charleroi, que je félicite en passant, car c'est là que nous, dans le Nord, nous avons été chercher les premières initiatives.(*Applaudissements*).

Le citoyen JAURÈS. — Très bien.

Le citoyen SAMSON. — Et c'est Anseele, notre président, qui a été un des plus vaillants militants de l'Union de Ligny. (*Applaudissements*). Et je me souviens qu'Anseele disait, lors de l'inauguration de cette coopérative : « Nous inaugurons aujourd'hui le premier four, c'est le premier jalon que nous posons, mais n'oublions pas qu'il faudra en élever d'autres bientôt, et sous peu j'espère venir cueillir les fleurs du travail de la coopérative. » Il nous disait aussi de ne pas oublier que la coopération doit être une forteresse d'où l'on tirera les derniers obus pour mitrailler la citadelle capitaliste. (*Applaudissements*).

Nous lui demandions quels étaient les moyens puissants pour mitrailler la puissance capitaliste. Il nous disait : « Il n'y a qu'un seul moyen, c'est de développer nos Sociétés coopératives et de prélever, au moyen d'un tant % sur les affaires, les sommes nécessaires pour pouvoir lutter sur le terrain politique. »

Tout à l'heure vous applaudissiez notre camarade de Charleroi lorsqu'il vous disait qu'on avait donné 25,000 fr. grâce auxquels 14 camarades socialistes ont été envoyés à la Chambre. Nous sommes heureux dans le Nord d'avoir suivi l'exemple de nos camarades belges, de la Maison du Peuple de Bruxelles, de Jolimont. Si dans le Nord, aujourd'hui, le socialisme a fait des progrès tels que nombreuses sont les villes qui sont entre les mains du parti ouvrier, si nous possédons à la Chambre, dans les Conseils généraux ou d'arrondissement, des représentants ouvriers, c'est que nous avons adopté la tactique purement socialiste telle qu'on la pratique en Belgique. (*Applaudissements*).

Nous sentions que cette force-là devait devenir de plus en plus grande. Nous avons fondé, comme on l'a fait tout récemment en Belgique, la Fédération des Coopératives de la région du Nord. Nous avons mis dans les règlements que personne ne sera admis à cette Fédération ni ne pourra bénéficier des avantages qu'elle procure s'il n'a pas mis dans ses statuts qu'il laissera sur le chiffre d'affaires un %.

Je crois être l'interprète de tous les camarades de la Belgique et de la région du Nord en vous demandant de pratiquer de la même façon, c'est-à-dire que ceux qui voudront adhérer à la Fédération Internationale devront le prouver, non point par des mentions dans les statuts, mais par des versements effectués à sa caisse.

C'est pourquoi nous avons fait cette proposition, car dans le Nord, outre que chaque Société, dans son rayon individuel, réserve un % sur la totalité des affaires faites, les Sociétés adhérentes doivent encore laisser un % sur le chiffre d'affaires de la Fédération, de sorte que, si nous voulons nous étendre, ce ne sera pas des milliers de francs, mais des centaines de mille francs que nous pourrons consacrer à la propagande.

Je sais que cette façon de voir pourra soulever des protestations dans nos assemblées générales, mais ne vous arrêtez pas aux premiers échecs, revenez à la charge, multipliez vos efforts, et vous finirez par vaincre vos adversaires.

Nous aussi, nous avons lutté. Eh bien, luttez également, mettez de la ténacité dans votre action, et vous triompherez. Alors l'unité que nous poursuivons, que nous préconisons, l'émancipation que nous voulons obtenir par les coopératives, se réaliseront. Et en même temps que se développera l'idée coopérative purement socialiste, le parti ouvrier marchera de l'avant, parce qu'il aura des revenus certains, l'argent nécessaire pour marcher à l'assaut de la citadelle capitaliste.

Le citoyen DODIER *(La Famille)*. — Je ne partage pas tout à fait les craintes que le citoyen Andrieux émettait tout à l'heure au sujet des Sociétés coopératives, pour l'adhésion aux principes socialistes.

Je suis persuadé d'une chose. Il faut que les Conseils d'administration entrent carrément, drapeau déployé, dans le socialisme.

Nous sommes tous, ici, des militants, nous pouvons dire que nous avons l'avenir du Parti Socialiste entre les mains, et c'est à nous à faire notre devoir. Il faut que nous nous quittions avec cette idée. et, après avoir bien compris notre devoir, il faut le faire comprendre aux autres.

La Ligue du Commerce a imposé à ses candidats et élus un programme d'action contre les Sociétés coopératives. C'est notre droit d'agir de même avec nos candidats et de leur imposer l'obligation de nous défendre.

Quant à moi, je dis que la coopération sera socialiste ou ne sera pas ; la force des choses l'exige comme la Révolution économique.

Il est à prévoir que les capitalistes voudront bientôt fonder leurs coopératives et, si l'on n'y prend garde, elles nous feront faire un grand pas en arrière.

Car, malgré nos efforts, si nous n'avons pas suffisamment développé les idées d'émancipation et de solidarité dans l'esprit des travailleurs, la ménagère sera toujours attirée par les Sociétés anonymes, qui sont des Sociétés soi-disant coopératives. Les ouvriers nous échapperont forcément. Mais si vous créez réellement des œuvres de solidarité, si vous êtes entrés vraiment dans la voie du progrès social. vous serez invincibles ; mais pour cela il faut carrément déclarer et faire comprendre que l'avenir de la coopération est dans le socialisme.

Si nous partons de cette idée ferme, tout ce que nous pouvons rêver sera réalisé demain par la force des choses, parce que nous l'aurons voulu. (*Applaudissements*).

Un délégué. — Je suis d'accord avec les différents orateurs. Ils ont absolument raison quand ils disent qu'il faut avoir l'énergie nécessaire pour lutter contre l'égoïsme, qui neutralise tous les efforts. Le manque de foi a toujours fait craindre jusqu'ici d'aborder cette question de la coopération socialiste.

Nous autres, à la Bourse des coopératives, pour faire le travail dont on vous a donné lecture, on a d'abord bien étudié, on a entretenu des correspondances avec diverses Sociétés, surtout avec celles qui jusqu'alors n'avaient pas osé venir au Congrès des coopératives. Et aujourd'hui il faut aborder la question avec l'énergie nécessaire. Et si l'on est repoussé dans les assemblées générales, il ne faut pas craindre d'y revenir et de montrer que les travailleurs sont des dupes et qu'ils ne s'affranchiront que par la coopération.

Pour répondre au camarade Delory, quand on parlait d'un bulletin hebdomadaire, nous avons constaté qu'un bulletin était indispensable, pour cette raison que jusqu'alors on n'avait fait dans les coopératives que de la répartition et pas du tout l'éducation des coopérateurs. Le bulletin ne sera pas très onéreux. Je suppose le bulletin mensuel. Cela vous représenterait 3o centimes par semestre. Je crois que lorsqu'on aura demandé 3o centimes par semestre, si nous rencontrons des gens qui ne veuillent pas les donner, et bien, ce sont des gens sur lesquels il ne faut pas compter. Il faut que l'éducation du coopérateur soit faite, que toutes les calomnies qui visent les coopérateurs soient dissipées.

Il faut démontrer que la coopération a son utilité, qu'elle a des avantages énormes pour les travailleurs, et que le principe de la coopération ne doit pas être calomnié comme il l'a été jusqu'alors, surtout en ce qui concerne les administrateurs.

Il n'est pas impossible de demander un sou mensuel.

Si la Verrerie ouvrière est devenue ce qu'elle est, c'est grâce au sou mensuel que n'ont refusé ni les conseils d'administration ni les assemblées générales.

Je suis absolument d'accord avec les camarades qui m'ont précédé ; je suis d'avis, si la partie du rapport de la Commission doit être prise en considération par les Conseils d'administration, de bien dire : « Nous ne voulons pas continuer à faire de la répartition. Nous voulons faire en plus votre éducation sous le point de vue des principes socialistes, et il est indispensable que la ménagère vienne s'y approvisionner ».

On nous disait : cela va porter du préjudice à votre Société. Ce n'est pas vrai, car il n'y a que les socialistes pour avoir l'énergie nécessaire, pour bien mener les coopérations socialistes, et pour en tirer tous les avantages qu'on peut en espérer.

Et la Fédération est absolument indispensable. Il faut que dans chaque arrondissement il y ait une coopérative. Voilà pourquoi la Fédération s'impose. C'est la question que nous traiterons plus tard, mais, quant au point de vue socialiste. j'engage les camarades à adopter les propositions qui se présenteront dans cette séance.

Le citoyen ANSEELE. — Il y a encore huit orateurs inscrits. On demande de voter la clôture et de remettre la question à demain.

Il y a une deuxième proposition de clôturer, non pas la discussion, mais la séance.

Il y a des camarades qui font observer qu'ils ne seront pas là demain, car ils travailleront, et ne pourront par suite écouter la discussion.

Plusieurs voix. — Une séance de nuit.

Un délégué. — Je ne m'oppose pas à la clôture, mais je vais soumettre à votre attention une indication qui sera très importante.

Jusqu'alors nous avons discuté la Coopérative au point de vue socialiste, mais nous n'avons pas discuté la question de savoir si la Coopérative serait patentée ou non patentée. (*Voix* : A demain !) Je demande que l'on mette à la suite de l'ordre du jour, cette question : Coopérative avec patente ou sans patente.

Le citoyen ANSEELE. — Personne ne demande la parole sur la clôture ?

La clôture est votée à une grande majorité.

Le citoyen ANSEELE. — A demain matin, 9 heures.

TROISIÈME JOURNÉE

Lundi 9 Juillet

Présidence du citoyen ANDRIEUX (*La Concorde*).

Assesseurs : THUMEREAU (syndicat des vignerons tonnerrois) ; PICHON (Coopérative de Châtellerault).

A l'ouverture de la séance, le citoyen GUILLEMIN proteste contre le *Temps* qui reproduit d'une façon inexacte le compte-rendu d'une séance précédente.

Les délégués sont d'avis que l'on passe à l'ordre du jour et que l'on ne s'arrête pas aux élucubrations d'un journal bourgeois.

Le président donne lecture d'un télégramme des *Précurseurs Égalitaires du XIII*e :

Union des groupes socialistes révolutionnaires F. S. R. de F.

Les Précurseurs Égalitaires du XIII*, groupe d'Études et d'Action révolutionnaires et d'amnistie.

Le groupe, dans sa dernière séance, a voté à l'unanimité d'envoyer son salut fraternel et révolutionnaire aux membres du Congrès. Crie avec eux : Vive l'émancipation par les travailleurs eux-mêmes ! Vive la coopération socialiste, syndicale et internationale !

Pour le groupe :

Le Secrétaire,
PEUVRIER.

RATTIER, MAROTTE, BLIN, SMETS,
membres du bureau.

Le président donne la parole au citoyen Boutin, inscrit de la veille.

Le citoyen BOUTIN. — Je suis d'avis qu'on laisse la confection des statuts-types à l'initiative de chaque société, mais il faudrait donner l'indication que ces statuts doivent être communistes, et qu'il convient d'agir partout de la même façon qu'au *Viager Perpétuel*, où tous les bénéfices servent à l'achat du sol. Chez nous, nous avons environ 18 francs de dépenses par mois par famille ; le reste, c'est la terre qui le produit. En pratiquant de cette façon vous arriverez à acquérir des propriétés immenses où vous ferez des essais de communisme.

Le citoyen MAUSS (*Coopération socialiste*). — Dans la séance d'hier on a voté le principe de la coopération socialiste ; aujourd'hui on entre dans la question pratique ; c'est pourquoi la disjonction s'imposait. On doit tout d'abord, à mon sens, créer l'organisation fédérative, et là, nous devons adopter le système des coopératives anglaises, qui sont bien supérieures à nous au point de vue ouvrier.

Autour d'un organisme central, comme le *Wholesale* de Manchester, auquel 1,100 sociétés adhèrent, nous devons créer un lien entre toutes les coopératives, afin que l'harmonie règne entre tous les éléments dispersés sans esprit de suite ni cohésion.

Les avantages économiques qui en découleront seront

énormes. Nous supprimons d'un seul coup le capitaliste producteur et le fournisseur, pour les remplacer par des organisations ouvrières productrices, qui n'auront pas à spéculer sur les marchés à passer : le prix de revient sera le prix de vente : dans ces conditions, tout marché est honnête.

De plus, la qualité des produits ne sera plus aussi diverse, puisque tout viendra de la même source. Les petites sociétés n'auront pas à s'inquiéter de débattre des conditions, puisqu'elles seront établies par les sociétés mêmes.

Donc la fédération d'achat est un excellent système, puisqu'elle préparera la statistique exacte des produits consommés par région : elle fera mouvoir des capitaux puissants qui donneront le goût des grosses affaires aux administrateurs.

Aujourd'hui la fédération coopérative anglaise chiffre ses affaires par milliards : elle dispose de gros capitaux dont elle se sert pour créer des usines, avoir des navires, au besoin construire des lignes de chemin de fer, etc., et cela est très facile, puisque le système commercial est basé sur le crédit.

En France, on peut déjà tabler sur deux produits qui, réunis, feraient un chiffre énorme d'affaires, c'est le pain et le vin. Les achats en gros des farines et du vin par la fédération constitueraient les sociétés agricoles qui, reconnaissant les avantages de la coopération socialiste, entreraient peu à peu dans le grand mouvement en avant, et aideraient aussi à l'affranchissement du Prolétariat.

D'ailleurs, la commission d'organisation de la Bourse coopérative aura à agir dans ce sens, et dans le plus bref délai possible. (*Applaudissements*).

Le citoyen Van Waererecke (*Paix*, de Roubaix). —
Il faut que la coopération soit socialiste. Pour reconnaître
qu'une coopérative est socialiste, il faut qu'elle verse à la
propagande. A Roubaix, nous donnons 1 °/₀ à la propagande socialiste ; en même temps nous donnons à des
œuvres de solidarité. telles que grèves, mutualités, etc.
Voilà comment une coopérative doit être socialiste. ·

Avant de descendre de la tribune, ce citoyen émet le
vœu que le prochain Congrès international ait lieu en
Belgique, à Bruxelles.

Le citoyen Dulucq (Maison du Peuple de Paris) lit
un rapport sur les coopératives de consommation. Il fait
l'historique du mouvement socialiste en France ; il explique
la dégénérescence des Sociétés de production qui, constituées en associations ouvrières, finissent par devenir de
petits potentats capitalisant individuellement sans aucun
souci de la question sociale. Quelques militants ont une
tendance à vouloir entrer sur le terrain de la production ;
ce terrain est stérile ; il a donné de mauvais résultats.
Toutefois, il fait des concessions pour la Verrerie ouvrière ;
de plus, il préconise les coopératives agricoles,qui seraient
les producteurs directs des coopératives de consommation,
et qui feraient des paysans des socialistes.Ce faisant, nous
aurons fait d'une pierre deux coups : nous aurons supprimé
un élément de réaction, tout en renforçant l'armée socialiste et révolutionnaire ; et on supprimerait également
l'agio qui se fait sur les blés et farines, objets d'alimentation de premier ordre.

En terminant la lecture de son rapport, il propose les
résolutions suivantes :

Le Congrès, en considération de l'exposé qui précède, décide :

1. — Qu'il y a lieu d'écarter pour le moment l'idée de constituer des sociétés coopératives de production, qui nécessitent de gros capitaux :

2. — Qu'il est de toute urgence de donner tout l'essor possible aux sociétés socialistes de consommation, sans s'occuper des conséquences commerciales qui doivent en résulter. Indiquer surtout l'intérêt immédiat qu'il y a à faire passer directement les produits et aliments des mains du producteur aux mains du consommateur, en évitant autant que possible tout intermédiaire :

3. — Qu'il est urgent de grouper en sociétés tous les petits producteurs agricoles, pour en faire les alliés et fournisseurs des sociétés de consommation ;

4. — Ne prélever sur les produits et aliments que ce qui est nécessaire au bon fonctionnement et au développement des sociétés et à la propagande socialiste générale :

5. — Que toutes les sociétés se fédèrent et fassent leurs achats en commun ; que la Fédération s'occupe de l'achat de terres propres à produire, qui seront la propriété commune des sociétés fédérées.

Pour la *Maison du Peuple :*

Les délégués :

DULUCQ, REBINS.

Le citoyen HAMELIN (*Fraternelle*, de Saint-Claude). — La coopération doit être socialiste par des versements à la propagande, mais il existe des difficultés. J'ai donc l'avantage de faire la proposition suivante : Il sera imposé une cotisation de un sou par membre et par mois comme cotisation à la Bourse ; chaque adhérent recevrait le journal mensuel qui le renseignerait sur les faits et gestes du mouvement coopératif.

La Fédération du Livre opère de cette façon. Au début, nous avons eu quelques récriminations, et nous pensions que le journal aurait du mal à vivre : mais petit à petit le journal s'est lu, et aujourd'hui on le réclame.

Quant à la question de la lutte électorale, nous pensons bien que ce ne seront pas les sociétés qui désigneront les candidats, mais que ce rôle incombe aux groupes socialistes ; les membres des groupes qui font également partie de la coopérative voteront pour le candidat socialiste. C'est là que le journal jouera un grand rôle ; il dira qu'il faut voter pour tel candidat parce qu'il représente les intérêts de la Société.

D'autre part, on versera par membre et par an 0,40 cent. pour la propagande socialiste. Cela fera 1 franc par an de cotisations à verser.

J'entends quelques objections. Mais, camarades, nous en avons fait bien d'autres pour la Verrerie Ouvrière, et cependant nous allions dans les assemblées générales et nous obtenions toujours satisfaction.

Jetons un coup d'œil en arrière. En 1892, les socialistes craignaient que les militants se perdent en entrant dans les coopératives : le contraire s'est présenté. L'*Avenir*, de Plaisance, en est un exemple. N'ayons donc aucune crainte, allons de l'avant, et nous réussirons, car l'avenir est au socialisme.

Le citoyen REBINS (*Maison du Peuple*) préconise des

statuts-types pour Sociétés de production et de consommation.

Le citoyen MAUSS (*Coopération Socialiste*) explique l'avantage des achats en gros. Chaque Société doit adresser ses commandes au bureau central des achats ; il en découlera de plus grands bénéfices. Au sujet des statuts socialistes, il est d'avis que les fonds prélevés pour la propagande soient prélevés sur la majoration des marchandises.

Le citoyen LÉONARD (Charleroi) est de l'avis de Mauss. Il ajoute que, pour faire l'éducation de la masse, il faut répandre des petites brochures. A Charleroi, il y a unité d'action. Les ouvriers se groupent dans les Mutualités socialistes, les syndicats et les coopératives ; toutes ces organisations sont groupées sous le drapeau rouge du Parti Ouvrier. (*Applaudissements*).

Quand il y a des grèves, les coopérateurs portent le pain aux grévistes. Si un compagnon est remercié ou chassé par un patron, ce sont les socialistes qui le placent. Tout cela est payé par nos coopératives, qui servent, comme vous le voyez, fort bien à l'émancipation du prolétariat.

Le citoyen DELORY demande de quelle façon les fonds seront versés.

Le citoyen LÉONARD dit qu'en Belgique on paie 0,10 cent. à la Fédération et 0,10 cent. au Conseil Fédéral Socialiste par an, mais, quand il y a élections, les coopératives versent des subsides supplémentaires.

Le citoyen DELORY remercie et constate que dans le Nord, on fait comme en Belgique.

La séance est levée à midi et demie.

Le citoyen GUILLEMIN ouvre la séance à 2 heures précises.

Le citoyen CARMENTRANT (*Économie Parisienne*, rue des Gravilliers, 29, à Paris) est élu président.

Assesseurs : BOOCK (*Abeille Suresnoise*) ; GUILLON (*Coopérative des Galochiers d'Amboise*).

Suite de la discussion sur la coopération socialiste

Au début de la séance, le citoyen MICHEL (*Coopérative de Choisy-le-Roi*) donne lecture d'un vœu des Universités populaires saluant les coopératives socialistes présentes au Congrès.

VŒU

Les Citoyens et Citoyennes membres des Universités Populaires :

Germinal, de Nanterre ;

La Coopération des idées, Faubourg St-Antoine ;

L'Éducation Sociale, Montmartre ;

L'Émancipation du XV· arrondissement ;

Enseignement mutuel, XVIIIe arrondissement ;

Union Mouffetard, du Ve arrondissement ;

La Fraternelle, du III· arrondissement ;

La Semaille, du XX· arrondissement ;

L'Éducation mutuelle, de Choisy-le-Roi ;

Le Contrat Social, du XVI· arrondissement ;

Le Progrès Social, Asnières ;
L'Idéal Social, du X° arrondissement ;
Le Foyer du Peuple, XVII° arrondissement ;

réunis le dimanche 8 juillet dans l'île Fleurie, près Nanterre, au nombre de 420, sur la convocation de l'Université Populaire de Nanterre, *Germinal*, afin de jeter les premières bases d'une entente et d'une action commune entre les diverses Universités Populaires,

Après avoir écouté l'admirable poésie *Le Pain*, dite par l'auteur, le citoyen Maurice Bouchor, ainsi que plusieurs autres camarades dans différentes poésies et chansons sociales, sont unanimement heureux de constater la bonne harmonie régnant entre la Société Coopérative de Nanterre, *La Ruche*, et l'Université Populaire, *Germinal*, de la même localité,

Chargent le citoyen Charles Michel de transmettre à leurs camarades des Sociétés coopératives de tous les pays réunis en Congrès international, leur encouragement et leur salut fraternel,

Et émettent le vœu que les coopératives et les U. P. marchent d'un commun accord à la conquête de l'émancipation des travailleurs : les premières en fournissant l'éducation matérielle et pratique indispensable à l'organisation du prolétariat, et les secondes en apportant l'éducation sociale intellectuelle, préparant les cerveaux des travailleurs à l'avènement d'une Société meilleure, en leur inspirant les principes de solidarité, de justice et aussi de tempérance également indispensables à la bonne marche de l'humanité future.

Le citoyen ANDRIEUX (*La Concorde*). — Je ne suis pas d'avis que l'on prélève tout de suite une somme aussi forte pour la propagande. Pendant quinze ans les socialistes n'ont pas voulu adhérer à la coopération, et voici qu'aujourd'hui, pris d'un beau zèle, tous les socialistes y entrent et veulent transformer du jour au lendemain. A mon sens, il faut agir modérément, il faut d'abord faire l'éducation des coopératives, encourager les coopérateurs à venir au Parti Socialiste, repousser toutes questions politiques, et surtout ne pas verser de contribution pour la politique.

Le citoyen JEGOUX (*Famille rennaise*) est d'avis que l'on vote un minimum.

Le citoyen THUMEREAU (*Vignerons tonnerrois*). — La politique, voyez-vous, camarades, elle fait peur aux honnêtes gens. Jusqu'ici on a été tellement dupé, que le paysan hésitera toujours à se lancer dans cette voie. Je suis pour la coopération socialiste, mais non pour la politique. Je suis surtout pour l'honnêteté du principe.

A ce moment, la clôture étant demandée, le président la met aux voix. — Adopté.

Le citoyen BÉNARD (*Avenir*, de Plaisance). — A l'*Avenir*, de Plaisance, nous avons décidé de faire bénéficier la propagande socialiste de l'excédent des 5 % en trop-perçus distribués aux sociétaires ; de plus, nous versons pour le médecin gratuit, 0,20 par an et par sociétaire. Tout cela a été voté d'emblée et je crois qu'il y aurait quelque chose à faire de cette idée que je vous soumets.

Le délégué de *La Bellevilloise*. — A notre société nous faisons 3.500.000 francs d'affaires par an ; nous avons 7.000 sociétaires. Je m'engage à demander au Conseil d'Administration de faire voter ces sommes par la prochaine Assemblée générale. (*Applaudissements*).

Le citoyen SAMSON (Fédération du Nord). — Je m'étonne qu'il n'y ait pas plus de coopératives socialistes au Congrès. L'on a parlé beaucoup et rien fait. Il faut

causer franchement. Le citoyen Guillemin demande dans
son rapport 5o °/o des bénéfices nets à la propagande
socialiste, et certains camarades hésitent, craignant de ne
pas même pouvoir faire donner à leur société 1 °/o. Eh
bien — et que ceci soit une leçon aux craintifs — dans
le Nord, les coopératives, les syndicats, les mutualités
versent à la propagande. Je propose que seules les
coopératives qui auront versé pour la propagande soient
admises au Congrès.

Le prochain Congrès fixera la cotisation.

Le citoyen BORDIER (*Union ouvrière* du XIVᵉ). —
Nous avons fondé, il y a un an, une coopérative sur les
bases ordinaires ; aujourd'hui nous voulons que cette
société soit socialiste. Elle le sera ; ceux qui voudront
s'en aller s'en iront, les socialistes seuls resteront.

Le citoyen BOOCK (*Abeille Suresnoise*). — Citoyens,
le socialisme est suffisamment puissant pour pénétrer
dans les coopératives ; il ne faut plus de subterfuges ; il
faut maintenant marcher le drapeau déployé avec franchise, dire ce que nous voulons. Le 15 juillet, il y a un
congrès bourgeois, nous irons, et nous gagnerons la
partie. La coopération bourgeoise a fait son temps ; elle
doit être socialiste, elle le sera.

Le citoyen HENRIET (*Prévoyante* des Prés-Saint-
Gervais). — Nous n'avons pas attendu que l'on nous dise
ce qu'il fallait faire. Chez nous, la société est socialiste,
elle adhère au Comité général, à la fédération départe-
mentale, et prend part à toutes les manifestations socialistes. Ça a été dur pour commencer ; mais aujourd'hui,
avec une bonne gestion, tout le monde est content et,

avant même que nous n'avons formulé entièrement notre demande, les camarades la votent.

Le citoyen COTTE (*Égalitaire*). — Au point de vue socialiste, l'*Égalitaire* paie normalement ses employés et leur fait faire neuf heures de travail. Nous avons également des secours mutuels, la caisse de grèves, la caisse de solidarité, etc. Jusqu'ici aucun congrès n'avait fixé ce point ; chaque société s'approchait le plus qu'elle pouvait du socialisme, mais aucune méthode n'avait été prescrite ; la Bourse coopérative, en prenant l'initiative de faire ce congrès, a fait œuvre utile ; nous n'avons qu'à nous plier aux décisions du congrès.

Le citoyen MALBRANQUE (*Union* d'Amiens). — L'*Union* d'Amiens est administrée par les délégués des syndicats ouvriers ; nous pouvons vous affirmer qu'elle marche dans la coopération socialiste.

La liste des orateurs étant épuisée, la parole est donnée au citoyen Guillemin, rapporteur.

Le citoyen GUILLEMIN (Bourse coopérative). — Citoyens, il ressort des discussions qui ont eu lieu que la question de principe, à savoir, que la coopération doit être socialiste, ne fait pas d'objection. Cela est accepté. La chose arrive à son heure, et nous pouvons féliciter la Bourse coopérative d'avoir eu l'initiative d'organiser le premier Congrès coopératif socialiste, qui, comme vous l'avez manifesté, sera suivi de beaucoup d'autres.

Voilà donc un point acquis.

Maintenant, il s'agit de savoir de quelle façon les coopératives contribueront à l'extension du mouvement socialiste. Si, dans notre rapport, nous avons dit : 5o % à la propagande, nous pensions bien que la chose était un peu osée, mais, comme il fallait demander quelque chose et que ça ne coûte pas plus pendant qu'on y est de demander beaucoup, nous avons demandé beaucoup. *(Rires)*.

Nous sommes fixés et d'accord sur ce point. La commission de résolutions, que vous allez nommer, va résumer cela ; l'important était d'être d'accord, et nous le sommes. Tant mieux pour la coopérative. et surtout pour le socialisme !

Donc, sur le terrain principe, ça va, mais, hélas ! il n'en est pas de même sur les questions de détail, et le camarade Jullien nous a fait un éreintement en règle. Si je ne connaissais le camarade Jullien comme un bon militant, je le considérerais comme un adversaire, mais ce n'est pas le cas.

Vous dites, citoyen Jullien — je cite textuellement — : « La coopération socialiste doit être un modèle et montrer à la classe capitaliste ce que peut faire la classe ouvrière dans l'état économique actuel. » C'est absolument ce que nous pensons, mais, pour organiser, il ne faut pas s'en tenir aux généralités. Les multiples questions de détails qui font qu'une société fonctionne bien sont pour l'administrateur des choses qu'il ne doit point négliger s'il veut arriver à son but. Et c'est là le travers sans lequel on tombe toujours : on veut tout faire, tout transformer, tout avoir, tout posséder, on enfante des projets mirobolants, on fait des devis, des plans, des croquis, des chiffres, on suppute le gain, on construit monts et merveilles, on enfourche un dada quelconque, mais, ce que l'on néglige toujours, c'est le moyen de réaliser tout cela.

Notre dada à nous s'appelle socialisme. Nous estimons que la coopération est un merveilleux outil pour l'obtenir, et nous nous servirions de cet outil comme des apprentis ?

C'est surtout cela qu'il faut conserver : il faut une bonne administration intérieure. Comment voulez-vous avoir des capitaux à opposer à d'autres capitaux si vous ne développez pas l'organe qui peut vous en forger? J'estime que la théorie a fait son temps, et qu'il est temps de passer un peu à la pratique.

En faisant de la bonne organisation intérieure, nous, les ouvriers du début, les obscurs, nous vous apportons dans la force de nos moyens des organisations toutes prêtes, des administrateurs tout faits. Souvenez-vous qu'après la période révolutionnaire de 89 et de 71 la classe ouvrière n'avait pas d'éléments à mettre dans l'administration de l'État. La Révolution n'avait que des théoriciens, voilà pourquoi nous en sommes encore là aujourd'hui.

Je sais bien que l'on ne peut s'immiscer dans chaque Société; mais enfin, il est bon d'indiquer des points généraux et les rapports entre Employés et Administrateurs, les modes d'achats, la rétribution des administrateurs, l'avis aux Sociétés de ne pas se faire concurrence : autant de points qui ont une importance considérable pour diriger et mener à bien nos Sociétés. Si dans la pleine mer on laisse la direction des navires aux amiraux, on laisse aux simples pilotes le soin de diriger le bateau parmi les écueils de la côte, afin d'arriver au point sans encombre et sans avaries.

Pour la production, je n'hésite pas à vous déclarer qu'en créant notre boulangerie socialiste nous avons déjà envisagé le commencement de la production socialiste. La boulangerie et la pâtisserie sont les débuts; après, nous ferons le moulin, — Bertrand sera content, — après, une brasserie, puis les pâtes alimentaires; en un mot, on fera ce que font les Anglais. — Mais je m'arrête ; le camarade Mauss nous a expliqué la chose avec des chiffres, et d'une façon plus savante que je ne saurais le faire.

Au sujet de la Coopération socialiste, vous trouverez dans le bulletin de la Bourse coopérative, n° 29, qui vous a été distribué, la description de cette œuvre éminemment socialiste et que nous devons à la générosité de notre ami le docteur Kasimir. (*Vifs applaudissements*).

Pour terminer, un mot. Quelques camarades, entre autres le camarade Roche (du *Marais*), qui représente également la Verrerie ouvrière à ce Congrès...

Le citoyen ROCHE. — Voilà, voilà, je suis là ! (*Rires*).

Le citoyen GUILLEMIN. — Il me semble, Roche, que tu disais hier que l'on ne devait pas laisser développer de grandes sociétés, parce qu'elles perdaient leur caractère familial et socialiste. Puisque tu représentes la Verrerie ouvrière et le Marais, tu me permettras de te dire que si la Verrerie n'avait eu que le Marais, il y a deux ans, pour l'empêcher de faire faillite, pauvre Verrerie, où serait-elle ?

Le citoyen ROCHE. — Nous avons fait notre devoir.

Le citoyen GUILLEMIN. — Je ne conteste pas cela, mais ce que je veux surtout faire remarquer, c'est qu'il fallait 100.000 francs pour sauver une situation et que c'est grâce à l'*Égalitaire* et à l'*Avenir* de Plaisance, deux grosses sociétés, qu'on les a trouvés.

Le Marais n'aurait peut-être pas pu donner 100 francs, la Verrerie serait à Rességuier, et Roche n'aurait pas l'avantage de la représenter aujourd'hui. (*Applaudissements*).

On ne peut empêcher un organe de se développer ; c'est comme si vous disiez à tous les jeunes gens qui se

marient : Vous n'aurez pas plus de deux enfants chacun.
Pour ma part. j'avoue que ça ne me satisferait point.
(*Rires et applaudissements*). J'ai dit.

Le président met aux voix la commission des résolutions de la Coopération socialiste.

Sont nommés les camarades :

HAMELIN (*Fraternelle*, de St-Claude). JEGOUX (*Famille
Rennaise*). DELORY (fédération du Nord). LÉONARD (*Con-
corde*. de Charleroi. Belgique). GUILLEMIN (Bourse coopé-
rative). ANDRIEUX (*Concorde*.Paris).DODIER (*La Famille*,
rue Malar. Paris). BAGNOL (*Le Chêne*). CARILLON (*La
Moissonneuse*). VÉRONE (*Ménagère* du XVIIe, Paris).
ROCHER (Union ouvrière du XIIIe). JENGIS (*La Thémis*).
SCHNEIDER (Palais du travail).

Adopté à l'unanimité.

Suspension de séance pour que la commission des résolutions fasse son travail.

A la reprise de la séance, le citoyen CARILLON demande que l'on donne lecture des conclusions de la commission de résolutions de l'assurance. (*Protestations*).

Le citoyen CARILLON. — Ce ne sera pas long, citoyens.
et vous aurez liquidé une question.

Le citoyen CARILLON, rapporteur de la commission de
résolution de l'assurance coopérative, lit son rapport.

Résolutions adoptées par le Congrès

La Commission de résolutions relative à l'Assurance
coopérative propose au Congrès d'adopter les résolutions
suivantes :

1° L'*Assurance coopérative et syndicale* est fondée ; la branche « Incendie » sera momentanément seule exploitée.

Le capital social est fixé à 200.000 francs, dont le quart est immédiatement exigible.

Les actions seront de 100 francs.

Le conseil d'administration est composé de neuf membres : trois représentant les coopératives de consommation ; trois, celles de production ; trois, représentant les syndicats.

Le conseil actuel est chargé de l'accomplissement des formalités nécessaires.

Les bénéfices ne seront pas attribués aux actions, qui recevront seulement l'intérêt des sommes qu'elles représenteront. Ils serviront à créer la caisse ou banque coopérative qui les distribuera dans les proportions suivantes :

2/5 affectés à la fondation d'organismes de production ;

2/5 affectés à la constitution de la Branche assurances « Accidents » ;

1/5 à la propagande socialiste.

La commission émet le vœu :

1° Les Organisations adhérentes verseront une somme de deux francs par membre, dont le quart sera immédiatement exigible ;

2° Elles devront apporter leur adhésion avant le 1ᵉʳ janvier 1901. Les fonds seront immédiatement versés et déposés à la Banque de France.

La Commission :

G. MORDANT (*Émancipation* du 18ᵉ) ; E. CARILLON (*La Moissonneuse*) ; H. SAMSON (Fédération du Nord) ; Henri JULLIEN (Maison du Peuple de Boulogne-Billancourt) ; ROLLAND (*Bellevilloise*) ; SCHNEIDER (Pavillon syndical et coopératif).

Ce rapport est adopté à l'unanimité et par acclamation.

Le citoyen BÉGUIN. — Maintenant que vous avez voté

les résolutions de la commission, je vous engage à porter à l'ordre du jour de votre prochaine assemblée générale cette question très importante : il est bien entendu que l'action est de 100 francs dont 1/4 est immédiatement exigible.

SÉANCE DE L'APRÈS-MIDI

Le citoyen MAUSS (*Coopération Socialiste*) lit son rapport sur *les relations internationales*.

CAMARADES,

Nous ne pouvons pas, dans l'état actuel des Coopératives ouvrières de France, présenter de projet bien précis concernant les rapports internationaux entre les Coopératives Socialistes. La plupart des choses que nous pourrions vous proposer de faire, au point de vue théorique, bien qu'éminemment souhaitables, ne sont pas immédiatement praticables et, pour cette raison, ne doivent pas occuper les instants précieux d'un Congrès ouvrier.

L'organisation nationale des Coopératives ouvrières est à peine commencée. En l'absence de cette organisation, il n'y a pas à rechercher d'organisation internationale, qui ne peut être basée que sur un ensemble de Fédérations nationales. Citoyens, il est temps d'entrer, si nous voulons développer l'organisation ouvrière universelle, dans la voie fédérative. Un esprit de particularisme, de morcellement, et, trop souvent, hélas ! de jalousie mutuelle, empêche, en France surtout, l'organisation harmonieuse, qui déculplerait l'action tout en diminuant les frais dans des proportions énormes. C'est pourquoi il nous faut d'abord organiser les coopératives ouvrières en un bloc énorme de consommateurs. Quand nous aurons fondé d'immenses ateliers coopératifs, modèles

de production communiste ; quand de toute part nous aurons
envahi les branches de la production, soit en régentant les
prix par l'achat en gros, soit en mettant à l'index les maisons
qui font suer l'ouvrier et combattent les syndicats, soit en
produisant nous-mêmes ; quand nous aurons créé, par tout un
réseau d'institutions de solidarité, une étroite, une intime
union entre tous les membres des coopératives ouvrières ;
quand nous aurons établi nos rapports avec les organisations
ouvrières diverses : coopératives de producteurs, syndicats
professionnels et parti ouvrier international, — alors nous
pourrons songer à nous organiser internationalement, d'une
façon complète : à nous fédérer pour les achats, à nous fédérer
pour la production, à nous fédérer pour le boycottage, à nous
fédérer pour l'administration en commun de biens devenus
biens du prolétariat universel. Mais il faut que toutes les
coopératives ouvrières fassent avant tout comme ont fait les
coopératives anglaises. Qu'elles forment d'abord de vastes
fédérations, qu'elles soient « un État dans l'État » et elles
pourront ensuite devenir une Internationale ouvrière, une
organisation mondiale, dressée en face du capitalisme mondial.

Citoyens, le mouvement fédératif s'accentue d'ailleurs. En
France, les coopératives socialistes du Nord se fédèrent ; à
Paris, nous avons la Bourse des coopératives qui deviendra
petit à petit un organe d'administration fédératif. Les coopératives socialistes sont trop éparses dans le reste du pays pour
que nous puissions envisager la création prochaine de fédérations régionales. Les camarades Belges viennent de se
fédérer ; les camarades Saxons le sont ; les camarades Danois
sont aussi organisés. Mais ces organisations sont encore
récentes. Dans d'autres pays comme l'Italie, la coopérative
ouvrière et socialiste n'existe que d'une façon précaire, les
organisations sont traquées et dissoutes. Enfin, nos camarades
Anglais, les seuls qui aient réalisé une complète fédération des
coopératives, ne sont pas représentés ici, et nous ne pouvons

leur proposer ici d'entrer en relations directes avec nous. Nous pourrons le leur proposer d'ailleurs au Congrès d'à côté.

Citoyens, tel est l'état du mouvement national des coopératives. Il faut le dire, presque partout, les organisations économiques du prolétariat qui consomme sont morcelés, sans lien constant. Établissons donc d'abord des liens régionaux, nationaux, et nous verrons ensuite à nous organiser internalement.

Est-ce à dire, camarades, que nous n'ayons rien à faire, rien à préparer, sinon à proposer dès maintenant ? Non pas. L'action socialiste, l'action coopérative a ceci de remarquable, qu'elle peut commencer une besogne, quoiqu'on sache que le travail n'aboutira que plus tard. Nous ne travaillons pas pour nous, nous travaillons pour les autres ; nous sommes assez nombreux pour que les uns puissent préparer le travail de demain, tandis que les autres achèvent le travail urgent et préalable. — Nous en convenons, une organisation internationale des coopératives ouvrières est impossible. Mais, en même temps, nous avons le besoin de préparer cette organisation qui sera possible demain.

Comment la préparer? En d'autres termes, qu'y a-t-il de possible, dès maintenant, dans cette voie ?

Voici un certain nombre d'idées, que la commission d'organisation tient à vous présenter, pour que vous les discutiez, et preniez les résolutions qui vous paraîtront les plus pratiques.

En premier lieu, la Commission pense que s'il est impossible de former une Fédération universelle des coopératives, il serait bon, pourtant, d'établir des relations suivies entre les organisations socialistes de consommateurs.

Pour cela, elle n'estime pas qu'il serait utile d'avoir de fréquents congrès internationaux. Les congrès internationaux ouvriers, corporatifs ou politiques, n'ont pas assez fait de besogne utile pour que nous songions à les imiter. Votre commission préfère donc de rares congrès internationaux, où, en tout cas, ne seraient présents qu'un certain nombre de délégués, 5oo au maximum.

Elle estime qu'il vaudrait mieux des relations moins solennelles, mais plus suivies. Nous vous présentons donc sur ce point un ensemble de projets de résolution, pour l'établissement de ces relations suivies.

1° Nous pensons que les différentes Fédérations coopératives, nationales et régionales, pourraient, sans grands frais, se faire représenter aux divers congrès des diverses fédérations : ainsi quelques délégués français, allemands, danois iraient annuellement au Congrès des coopératives belges ; et il y aurait échange de visite. Les délégués étrangers auraient voix délibérante dans les Congrès, rien dans nos sentiments internationalistes ne s'opposant à cela. Ces délégués rendraient compte à leurs Fédérations de ce qu'ils auraient vu et appris. L'utilité de cette proposition n'est pas contestable pour quiconque voit toute l'influence qu'ont eue, sur le Mouvement coopératif européen, les fêtes d'inauguration de la Maison du Peuple de Bruxelles.

2° Nous pensons que, sans difficulté, on pourrait constituer une sorte de service d'échange des publications entre les diverses Fédérations. La chose serait très facile, très utile. Souvent un article de statuts de telle ou telle coopérative se trouve très bien rédigé, il élude une grave difficulté juridique ; certains règlements d'ordre intérieur sont de véritables modèles qu'il y aurait énorme avantage à connaître. On pourrait se communiquer les bilans, les statistiques. On pourrait savoir comment fonctionnent les diverses institutions greffées sur la coopérative sociale.

Dans le même ordre d'idées on pourrait aussi essayer de fonder un service d'archives, qui serait, par exemple, confié aux camarades de Bruxelles.

3° Nous soumettrons à votre examen, sans croire la chose

immédiatement praticable, la création d'un organe, d'une revue internationale des coopératives ouvrières, revue qui pourrait paraître en plusieurs langues.

4° Nous ne vous proposons pas, citoyens, de nommer un secrétariat permanent des coopératives socialistes internationales. Mais nous pensons qu'il y aura lieu, en nous séparant, de nommer une Commission d'organisation du futur Congrès International des coopératives ouvrières.

5° Nous vous proposons d'établir, en principe, que *internationalement*, toutes les coopératives socialistes se doivent aide et mutuel appui, appui moral, appui pécuniaire, appui commercial.

Et, citoyens, nous vous proposons, en particulier, de décider qu'il est du devoir de toutes les coopératives d'aider dans la mesure du possible les coopératives naissantes ; tout particulièrement en les fournissant d'employés éprouvés. Or, sur ce point, il est possible que l'on ait souvent besoin de camarades étrangers compétents.

Nous vous proposons aussi d'établir un principe dont nous sentons toutes les graves conséquences. Il serait utile que l'on s'entende internationalement pour certains achats en commun qu'il est possible ou qu'il sera possible de faire dans un avenir très rapproché. Par exemple, il serait très simple, si les camarades Anglais voulaient nous aider, de leur demander de nous fournir de thé, qui, vous le savez, n'arrive à Paris qu'après avoir passé par la place de Londres. Mais il y a une denrée à propos de laquelle nous pouvons dès maintenant entamer une discussion précise. C'est le vin. Nous croyons, camarades de France et de l'Étranger, qu'avec une bonne et peu coûteuse organisation, l'achat en gros des vins, leur manipulation, les soins qu'on leur donne, pourraient être organisés par les coopératives Françaises elles-mêmes, les coopératives étrangères profitant de notre organisation, participant à sa fondation et à ses bénéfices.

Nous appelons tout particulièrement votre attention sur ce point, citoyens. La chose est facile, elle est belle, elle est utile, elle est tout ce qu'il y a de plus socialiste. — La chose est facile, car il s'agirait simplement d'organiser une cave centrale pour livrer des vins de l'année, prêts à être bus. Cette cave pourrait faire les quelques opérations nécessaires pour livrer les vins que réclame le goût public, que l'on rectifierait peu à peu, en l'habituant peu à peu au vrai vin frais de France, au jus vivant de raisin, non amorti par les coupages. Pour cela un bon maître de chai, de bons ouvriers suffiraient. Pour les achats, rien de plus simple : dans toute la France, même dans le Bordelais, on peut avoir, vous l'entendez, des vins excellents, purs, à 20 fr. l'hectolitre, pourvu qu'on aille sur place et ne laisse pas à d'autres le soin d'acheter, de voler, de falsifier. Il suffit d'agents bons et honnêtes, l'honnêteté est la seule chose requise. — Rien de plus beau que cette entreprise, citoyens, car c'est mettre en œuvre tous nos principes : supprimer tout intermédiaire capitaliste entre le producteur et le consommateur, mettre en contact la masse du prolétariat urbain, qui boit du vin frelaté de Bercy et d'autres usines bourgeoises, avec le prolétariat qui produit du vin excellent, et n'en retire pas une vie honorable. Sans compter que nous pourrons petit à petit acheter des terres, et faire des paysans d'autres fonctionnaires du prolétariat coopérateur. — De plus c'est une entreprise très vaste. En France, 3o à 7o °/₀ des affaires des coopératives sont faites sur les vins. En Belgique, dans le Nord, les camarades en répartissent une petite quantité, mais, pourraient peut-être développer la consommation.

Pour toutes ces questions nous vous demandons de prendre des résolutions fermes, et de décider, dès maintenant, des choses immédiatement praticables. Pour ce qui va suivre nous vous demandons seulement de nommer des commissions chargées de l'étude.

Les différentes idées que nous allons vous soumettre nous ont été suggérées quand nous avons recherché les organisations internationales qu'il serait utile de créer, et qu'il serait possible de créer sans que les lois diverses des États, ou l'absence des Fédérations nationales fussent un obstacle absolu à leur création. En d'autres termes, nous nous sommes demandé s'il n'y avait pas moyen, dans l'état actuel des choses, de fonder des institutions internationales à l'usage des coopératives et des coopérateurs socialistes.

Nous avons trouvé deux choses, camarades, dont la réalisation serait désirable, sans être absolument impraticable.

En premier lieu nous vous demandons s'il y a lieu d'étudier la fondation d'une Banque internationale des coopératives ouvrières.

Citoyens, sans avoir pu étudier à fond la question (ni notre nombre ni notre compétence ne nous le permettaient) nous avons du moins le sentiment qu'elle est praticable.

Nous n'avons pas besoin, citoyens, de vous rappeler que, parmi toutes les branches de commerce, celui de l'or, la. Banque, est le plus florissant de tous. Nous n'avons pas besoin non plus de vous rappeler que la Fédération des coopératives d'Angleterre a une Banque des plus prospères. Nous pouvons faire de la Banque coopérative, nous devons, là aussi, porter l'effort du prolétariat.

Mais il n'y a aucune difficulté à faire une Banque internationale de coopératives. En effet, la législation concernant les Banques est à peu près semblable partout. Il suffit de voir comment toutes les grandes Banques essaiment à l'étranger pour s'en rendre compte. De plus, il est possible d'organiser des Banques coopératives nationales, régies par la loi des pays respectifs, et,une fois ces banques constituées,il n'y a pas de difficulté à faire un emploi international des fonds déposés dans les diverses sections de la Banque, divisée en apparence, en réalité unique. Ensuite, les coopératives isolées ou fédérées peuvent avoir intérêt à adhérer tout de suite à une banque coopérative sans être encore fédérées économiquement. Ladite banque escompterait, recevrait en dépôt, prêterait, gagerait, et en général ferait toutes opérations pour les coopératives socialistes, leurs membres, les diverses organisations ouvrières. Le capital y serait plus fructueux que s'il était déposé dans les banques bourgeoises. Il y serait tout autant *en sécurité*.

Il servirait à la solidarité internationale, et en particulier épargnerait les emprunts onéreux aux coopératives.

Quant aux capitaux à mettre dans cette banque, nous ne pensons pas, citoyens, qu'ils soient excessivement considérables. Le capital dans une banque n'est qu'un instrument de mise en marche. Toute la vie de la banque dépend du crédit, que le banquier vend à l'escompteur après l'avoir acheté au dépositaire. Supprimons le banquier, dans la mesure du possible.

Nous pensons que les capitaux de compte courant des coopératives ouvrières seraient déjà suffisants s'ils étaient concentrés suffisamment, et s'il n'y avait pas des sautes brusques à chaque répartition de trop-perçu.

Quant aux capitaux de réserve, on pourrait les employer, et,pour satisfaire aux exigences de la prudence et de la loi, ne les consacrer qu'à des obligations hypothécaires consenties par les coopératives.

Le second point sur lequel nous voulons appeler votre attention, camarades, consiste dans l'organisation internationale d'un service d'assurances, entre coopératives et coopérateurs.

Nous vous proposons,pour une partie de la thèse que nous allons soutenir devant vous, de passer dès maintenant à quelques actes. Pour l'autre partie nous ne voulons que vous suggérer une idée, matière d'études, de réflexion, de discussion ici même et dans les organisations qui vous ont délégués.

Citoyens, nous distinguons en effet deux choses dans le service d'assurances, distinctes en fait, distinctes surtout pour nous, comme la discussion qui vient d'avoir lieu sur l'Assurance coopérative vient de vous le faire voir. Il y a d'une part l'Assurance - Incendie et l'Assurance - Accidents, de l'autre l'Assurance-Vie et Maladie.

Citoyens, vous l'avez vu, les coopératives ouvrières socialistes françaises organisent l'Assurance Coopérative Accidents et Incendie. Nous sommes donc en face d'une institution coopérative nationale, existant déjà si elle n'a pas encore fonctionné. Il y a là quelque chose de tout prêt, de déjà fait. Nous vous proposons donc, camarades de l'étranger, d'adhérer à notre organisation française, et, par cela même que vous adhérerez, de la rendre internationale.

Vous savez, camarades, sur quoi est basé notre projet. Éminemment praticable, il a pour but de faire pour les coopératives ce que l'État fait pour ses immeubles: il est son propre assureur. Dès maintenant, les coopératives ont intérêt à être leur propre assureur, à verser leur prime à elle-même. Mais il se produira un fait : l'assurance est un commerce d'autant plus fructueux qu'il s'étend à un plus grand nombre d'assurés. De plus, nous ne pensons pas que les risques d'incendie soient plus grands dans les pays européens où existent des coopératives ouvrières, qu'en France. Les immeubles des coopératives, les denrées qu'ils contiennent, ne sont guère plus inflammables en Belgique qu'en France, en Allemagne qu'en Hollande. D'autre part, nous croyons savoir que les grandes Compagnies internationales d'assurances exigent, dans les divers pays où elles ont des représentants, des primes sensiblement égales.

Donc, citoyens, rien ne nous semble plus naturel que de vous voir adhérer à notre organisation. Divers voies et moyens sont possibles, entre lesquels une commission dûment mandatée pourrait choisir à l'issue du Congrès. Ou bien il serait bon de constituer nationalement l'assurance coopérative Française, et d'attendre que les autres aient constitué leurs assurances coopératives. Ou bien il serait possible que, pour éviter tout retard, les camarades étrangers adhèrent chez nous de suite, négocient leurs polices en France, sous le régime de la loi Française. Ou bien nous constituerions immédiatement l'Assurance coopérative internationale.L'organisation de cette coopérative d'assurance, en l'état actuel de la législation des divers pays, n'offrirait pas de difficultés insurmontables.

Il est évident que les principes du projet français seraient au moins provisoirement adoptés : assurances avec primes, capital et fonds de garantie, distribution des dividendes à des œuvres d'émancipation prolétarienne, aux organisations ouvrières diverses.

Pour la branche Incendie, citoyens, l'organisation française offre de tels avantages que, même d'un point de vue presque mercantile, l'assurance coopérative s'impose.

Nous sommes non moins affirmatifs en ce qui concerne la branche Accidents. Le genre de travail des employés des diverses coopératives socialistes de Belgique, de Danemark, d'Allemagne, est le même que celui de nos employés. Le risque d'accidents est le même ; nos tarifs et nos bases, notre règlement, peuvent être facilement adoptés.

Reste un troisième point que nous vous proposons de mettre simplement à l'étude de vos organisations : l'organisation d'un système contre la maladie et sur la vie

Que l'assurance Vie et Maladie puisse être un commerce florissant, vous n'en doutez pas. Un peu de capital et de bons actuaires ont suffi et suffisent encore à des sociétés toutes capitalisées pour se créer de superbes affaires. Je donne d'ailleurs, en note, des chiffres empruntés aux sociétés à primes fixes (1).

Déjà, nous pourrions de ce côté fournir de beaux bénéfices à la propagande d'organisation ouvrière.

En second lieu, nous aurions dans les coopératives et syndicats une masse énorme d'adhérents possibles, ou ayant déjà l'esprit de prévoyance et d'organisation.

De plus, l'entreprise aurait d'autant plus de chances de

(1) Observation. — Les Compagnies d'assurances évitent naturellement de publier les chiffres de leurs bénéfices bruts. Il est difficile de connaître les écarts entre les primes versées et les indemnités payées. Mais le tableau suivant peut nous donner une idée des affaires faites par ces compagnies et de leur prospérité.

(France) Compagnies d'assurances à primes fixes sur la vie
Etat des opérations au 31 Décembre 1896

NOMS DES COMPAGNIES	Capitaux en cours (Réassurances déduites)	Rentes en cours	
		Immédiates	Différées, de survie, etc.
Assurances générales.......	923.509.701	32.104.515	1.645.203
Union...................	246.769.535	2 941 636	333.335
Nationale................	634.005.065	15.651.833	808.626
Phénix.................	490.411.133	6.690.354	482.646
Urbaine.................	328.039.345	1.559.290	172.710
Autres Compagnies moins importantes...............	977.002.735	4.010.098	651.744
Totaux...........	3.499.766.554	62.957.726	4.078.694

NOMS DES COMPAGNIES	Réserves pour risques en cours		
	Assurances de toutes natures	Rentes imméd. différées de survie	Total
Assurances générales.......	282.837.034	354.266.413	637.103.447
Union...................	86.266.302	31.937.176	118.203.478
Nationale....	209.901.610	167 448.504	377.350.114
Phénix.................	172.940.782	74.208.611	247.149.400
Urbaine.................	74.762.842	17.099.086	91.861.928
Autres compagnies moins importantes...........	254.421.121	41.954.130	296.385.251
Totaux...........	1.081.129.698	686.913.720	1.769.043.618

réussir qu'elle aurait plus d'adhérents appartenant à des
catégories variées de travailleurs dont les risques de mort
seraient soigneusement calculés. De bons actuaires pourraient
très bien nous établir des statistiques par profession, et nous
calculer des annuités.

Mais tout cela serait fort long à organiser, et ce n'est
qu'une suggestion que nous tentons ici. Au surplus il s'agirait
de trouver une forme d'assurance sur la vie, qui, tout en per-
mettant à nos camarades de pallier aux risques de la maladie,
de la vieillesse, et aux chances de malheur pour leur famille,
ne développerait pas chez eux l'instinct capitaliste et ne serait
pas, comme le sont les assurances bourgeoises, une espèce de
loterie où la famille a presque intérêt à être privé de son
chef. On pourrait, par exemple, réduire le système d'assurance
Vie à un système de Pensions, qui assurerait des indemnités
de maladie, des pensions de vieillesse, et des pensions pour
la veuve et l'orphelin.

Citoyens, en vous proposant d'entrer franchement dans
cette voie, nous ne pensons pas oublier en aucune façon notre
rôle socialiste et révolutionnaire. Nous croyons que l'ouvrier
qui a su sauvegarder ses intérêts d'acheteur par la coopérative, son salaire par le syndicat, son avenir par l'assurance, est
en bien meilleur état pour soutenir ses camarades, lutter avec
eux pour la conquête du pouvoir, que l'ouvrier qui n'a pas su
défendre ses intérêts les plus immédiats. Nous croyons,
camarades, faire œuvre d'organisateurs, de militants, tout en
encourageant l'ouvrier à la prévoyance, en cherchant à lui
créer un peu de sécurité dans la société marâtre où il vit.
Nous n'en faisons pas un satisfait. Nous l'éduquons pour sa
tâche révolutionnaire en lui donnant en quelque sorte l'avant-
goût de tous les avantages que pourra lui donner la société
future. Nous lui donnons une arme de lutte en améliorant
sa position, en assurant celle des siens.

Sans compter que, par les bénéfices que produiront nos

œuvres, nous fournirons de puissantes ressources à la propagande et à l'organisation de classe du monde ouvrier. Nous constituerons un véritable arsenal de capital socialiste au milieu du capital bourgeois.

Après la lecture, le citoyen BERTRAND dit que l'on a oublié dans tous les rapports de parler de la meunerie coopérative, et cependant c'est en créant le Moulin Coopératif que l'on rendrait la campagne socialiste.

Le citoyen BORDIER (*Union ouvrière du XIV*) dit qu'il a été en rapport avec des paysans de Dreux et que ces paysans sont décidés à créer quelque chose de semblable, mais il faudrait que la coopération organisée leur vint en aide.

Le citoyen BOOCK (*Abeille Suresnoise*) critique le rapport; il dit que le meilleur moyen de créer des relations internationales, c'est de faire des congrès internationaux.

Le citoyen DELUCQ (*Maison du Peuple*). — La coopération anglaise n'est pas socialiste; il est exact qu'elle possède des banques ; mais je suis contre la création d'une banque ouvrière dans un état bourgeois. L'argent avilit.

Le citoyen BÉGUIN. — L'Assurance coopérative sera une banque pour le peuple. Je défends le rapport, car les idées qui y sont exprimées élargissent la question et lui donnent de l'ampleur. Les capitaux socialistes lutteront contre les capitaux capitalistes.

Le citoyen MAUSS répond à l'*Abeille Suresnoise* que les congrès internationaux seront utiles quand nous serons constitués. Les coopératives danoises et anglaises ne sont pas des rêves philosophiques, mais bien des réalités. Si les coopératives anglaises ne sont pas socialistes, elles sont pratiques, et vous êtes bien obligés de prendre des exemples quelque part, car, quand vous serez organisés, vous serez bien obligés de mettre vos théories en pratique.

Le citoyen Boock combat à nouveau le rapport et appuie sur cette idée que les socialistes doivent aller dans les congrès internationaux où ils trouveront la véritable organisation internationale.

Le citoyen Mauss. — Je suis bien de l'avis du citoyen Boock, mais on ne peut faire ce congrès que dans 12 ou 18 mois.

La Maison du Peuple de Paris demande que l'on renvoie ce rapport à l'étude d'une commission permanente dont elle demande la nomination.

Cette proposition est adoptée.

Sont déposées les propositions suivantes :

Étant donné que nous reconnaissons la nécessité d'unir les travailleurs de tous les pays,

Je demande au Congrès de décider qu'il y aura chaque année un congrès international de toutes les sociétés coopératives socialistes.

Dulucq.

Le Congrès émet le vœu que l'assurance coopérative aide dans la mesure de ses moyens à la formation d'une banque nationale, qui devra dans l'avenir être internationale.

La Revanche prolétarienne (Carmaux).

La *Solidarité des travailleurs* (4, rue Véronèse), constituée depuis peu, à faible distance de *la Probité*, rue Coypel, demande au Congrès d'engager les différentes coopératives à prendre en considération la situation difficile dans laquelle se trouve *la Probité* ; de l'aider à liquider cette situation, afin qu'elle puisse venir se fondre dans *la Solidarité des Travail-*

leurs, qui adhère aux formules du Congrès général, avec 35 °/o sur les bénéfices nets affectés à la propagande socialiste, la journée de 8 heures, repos hebdomadaire, interdiction de la vente des alcools à la buvette, et se propose de créer une Maison du Peuple dans le XIII° arrondissement ;

La Solidarité des Travailleurs ne pouvant à elle seule se charger de liquider la situation de *la Probité.*

MALLEBAY, DECAMPS

Renvoyé à la Bourse coopérative.

Considérant que la plupart des élus socialistes ne font pas partie des coopératives de leur quartier,

Le Congrès décide que les coopératives des quartiers qui ont des élus socialistes devront les mettre en demeure d'adhérer à l'une d'elles.

La Prévoyante du Pré-St-Gervais.

Les citoyens LEBORGNE et ROCHE protestent contre les élus socialistes qui ne font pas partie de coopératives ; ils citent quelques cas, en disant que les socialistes qui réclament les voix des petits commerçants et qui négligent celles des coopérateurs, ont tort. Un socialiste complet doit appartenir à un groupe d'études sociales, à un syndicat et à une coopérative. Le premier tend à faire l'instruction socialiste de ceux qui y vont, l'élu est tout désigné pour indiquer les travaux opérés dans les Chambres délibérantes ; le syndicat est une arme contre le patronat, et la coopérative une arme contre le commerce.

La Maison du Peuple de Paris. — Si nous revenions au Congrès ?

Le Pré Saint-Gervais appuie sa proposition.

Le citoyen président. — La Commission des résolutions de la Coopération socialiste ayant terminé son travail. me demande que l'on mette ses conclusions aux voix. Comme le rapport des relations internationales est renvoyé à la Commission permanente, je vais mettre aux voix la lecture de ces conclusions.

Adopté.

Deuxième Commission

DE LA COOPÉRATION SOCIALISTE

Résolutions acceptées

1° Il y a lieu de créer une *Bourse Nationale des Coopératives Socialistes de consommation de France.* Y seront admises les Sociétés coopératives reconnaissant les principes essentiels du Socialisme formulés par le Congrès général du Parti Socialiste Français.

Une commission nommée par le Congrès Coopératif devra adresser une circulaire à toutes les Sociétés, leur expliquant les conditions requises pour faire partie de la Bourse.

Cette commission sera chargée de centraliser les réponses.

Le délai d'adhésion est fixé au 1er Janvier 1901.

La commission nommée aura également à préparer un projet de statuts-types. Chaque Société en recevra des exemplaires et, dans un délai de trois mois, elles devront transmettre leurs observations.

A l'aide de ces renseignements la commission devra établir un règlement type qui serait discuté et adopté au prochain Congrès.

2° La Bourse Coopérative de France aura son siège à Paris, au Palais du Travail, place Dupleix.

3° Un apport pécuniaire destiné à la propagande socialiste sera indispensable pour faire partie de la Bourse.

Le Congrès décide que le minimum du versement pour la propagande socialiste ne peut être inférieur à dix centimes par membre et par année.

Chaque Société est responsable du versement de ses membres.

Les Sociétés devront fournir des pièces justificatives constatant qu'elles ont effectivement versé à la propagande socialiste.

4° De plus, cinq centimes par membre et par an seront versés par les organisations adhérentes pour alimenter le budget de la Bourse centrale.

Le Congrès émet le vœu que les Sociétés demandent à la Bourse le service gratuit à domicile du *Bulletin de la Bourse*.

Chaque organisation qui fera cette demande devra s'engager à payer spécialement pour ce service la somme de cinq centimes par mois et par membre, somme qu'elle pourra retenir sur le prorata.

Le Congrès forme également le vœu qu'à l'avenir les socialistes auront pour devoir de ne pas créer plusieurs coopératives trop près les unes des autres, afin d'éviter une concurrence qui pourrait devenir désastreuse.

Il exprime l'espoir que les coopératives de Paris fusionneront par arrondissement et établiront des succursales de la coopérative commune selon les besoins de la population.

Il doit en être de même en province pour un certain périmètre.

Le Rapporteur : A. HAMELIN.

La Commission : *Famille rennaise*. — Fédération du Nord. — *Fraternelle* de St-Claude. — *Concorde* de Roux (Belgique). — Bourse coopérative. — Coopératives parisiennes : *Concorde*. — *Famille* (rue Malar). — *Le Chêne*. — *Moissonneuse*. — *Ménagère* du XVII°. — Union ouvrière du XIII°. — *Thémis*. — Pavillon syndical.

Le délégué de Puteaux. —Vous dites qu'il faudra prendre position à partir du 1ᵉʳ janvier 1901 ; mais notre assemblée générale n'a lieu qu'en mars.

Le Congrès décide que pour des cas spéciaux on pourra surseoir.

Le citoyen MICHEL (Choisy-le-Roi). — La propagande socialiste ne consiste pas seulement à verser des sommes à la caisse de propagande, mais encore à améliorer le sort des employés. On n'en dit rien dans les résolutions.

Le citoyen REBINS (Maison du Peuple de Paris) soutient le principe de la création de Maisons du Peuple qui deviendront autant de forteresses socialistes.

Le citoyen MAUSS (Coopération socialiste) propose l'amendement suivant : « La Bourse s'appellera désormais Fédération nationale des coopératives de consommation de France ».

Le citoyen GUILLEMIN. — Citoyens, le titre de la Bourse est consacré maintenant ; on le connaît ; on sait que c'est l'organisme coopératif socialiste du pays, tandis que la fédération va réveiller de cuisants souvenirs chez quelques-uns.

Le citoyen DODIER (*La Famille*). — On doit améliorer effectivement le sort des employés de coopératives. Un congrès socialiste de coopératives ne doit pas se terminer sans qu'on dépose un vœu en ce sens. Je demande donc à Michel qu'il dépose son vœu sur le bureau.

Le citoyen THUMEREAU (*Vignerons tonnerrois*) critique la liberté de verser les fonds à la propagande où les coopératives voudront. Dans les campagnes, on ne comprendra pas cela ; je suis opposé à l'action électorale qui n'a jamais rien produit. A mon sens, on aurait dû verser ces fonds au Comité général.

Le citoyen HAMELIN. — Il est nécessaire que le Congrès vote le texte de la commission pour éviter les ennuis qui pourraient surgir en ne laissant pas l'autonomie aux sociétés. D'ailleurs, le prochain Congrès fixera sur ce point.

La citoyenne Maria VÉRONE (*Ménagère* du XVIIe). — L'on fait erreur en croyant que les coopératives ne peuvent faire l'éducation de leurs membres. Ce que l'on devrait chercher d'abord, c'est à conquérir la ménagère. Depuis que la société que je représente a fait des conférences éducatrices, elle a prospéré.

Le citoyen THUMEREAU. — Je me range aux décisions de la commission des résolutions, sauf toutefois pour ce qui a trait à la question électorale.

Le président met les conclusions de la commission aux voix.

Adopté à l'unanimité.

CITOYENS,

Profitant du Congrès qui réunit en ce moment les délégués des coopératives de province et des autres pays, *l'Avenir* de Plaisance serait très heureux si ces délégués voulaient accepter d'être reçus au siège de cette société, mardi à 9 h. du soir.

Signé : SALMON, Administrateur-Délégué, BÉNARD, MONTHET, LEGUAY.

La société *l'Égalitaire*, par la voix de son délégué, invite tous les congressistes à venir rendre visite à leurs frères de coopération ; ils seront toujours les bien venus, et à n'importe quelle heure et à n'importe jour, ceci laissé à leur commodité.

Le délégué, É. COTTE.

Les séances du Conseil ont lieu les mardis et vendredis.

17, rue de Sambre-et-Meuse.

Le citoyen GUILLEMIN prévient que le lendemain matin

on doit photographier le congrès, qu'à midi le congrès sera
terminé ; que l'après-midi les délégués qui voudront visiter
les coopératives parisiennes se tiennent prêts à 2 heures ;
les voitures de la Verrerie ouvrière les conduiront.

Accepté.

Le citoyen BERTRAND. — Je demande que l'on n'oublie
pas de faire parvenir les rapports.

Le citoyen GUILLEMIN. — Soyez tranquille, le travail
sera fait.

Le citoyen DELORY. — Je demande qu'à l'avenir, dans
les prochains congrès, on discute d'abord sur les questions
à l'ordre du jour, sur les autres questions ensuite, et que
les rapports soient,à moins d'extrême urgence,envoyés un
mois à l'avance.

Adopté.

On passe ensuite à la nomination de la commission
permanente qui sera chargée d'étudier toutes les questions
soumises au congrès afin de les soumettre l'année suivante
au congrès de Lille.

Sont nommés les citoyens :

CARILLON (*Moissonneuse*). — SCHNEIDER (*Palais du
travail*). — BORDIER (*Union ouvrière* du XIVe). — BÉGUIN
(*Humanité*, de Wattrelos). — HAMELIN (*Coopération socialiste*). — GUILLEMIN (*Bourse coopérative*). — JULLIEN
(*Maison du Peuple*).— ROCHER (*Union ouvrière* du XIIIe).
GIVORT (*Utilité sociale*).— MICHEL (*Coopérative* de Choisy-
le-Roi). — LANDRIEU (*Le Progrès* de Gentilly). — REBINS
(*Maison du Peuple* de Paris). — LEBORGNE (*Syndicat des
employés de coopératives*). — Maria VÉRONE (*Ménagère*
du XVIIe). — ORRY(*Moissonneuse*).

La séance est levée à 6 heures 1/2.

QUATRIÈME JOURNÉE

———

Mardi 10 Juillet

La séance est ouverte à 9 heures, sous la présidence du citoyen DELÈTRE, de *l'Avenir* de Malakoff.

Assesseurs : LECLERC (*Revanche prolétarienne* de Carmaux). — RICHARD (*Union montrougienne*).

Au début de la séance, il est décidé d'envoyer un télégramme de félicitations aux grévistes du Havre.

Le Congrès coopératif socialiste envoie ses saluts fraternels et ses encouragements à tous les militants de la Bourse du Travail au Havre pour la vaillante lutte qu'ils soutiennent contre le patronat organisé.

Forme le vœu pour la réussite de toutes leurs revendications.

Le Congrès coopératif socialiste émet le vœu que, dans les moments troublés que nous traversons, les travailleurs de tous les pays soient unis, et qu'ils coopèrent à la paix universelle au cri de : Vive le Travail ! A bas la guerre ! Vive la fraternité des peuples !

Le citoyen SALMON proteste contre un journal clérical qui signale l'*Avenir* de Plaisance comme ayant assisté à une cérémonie religieuse. Cela est faux, le conseil n'ayant jamais désigné personne, surtout pour ces sortes de choses.

Le citoyen SALMON, rapporteur des pharmacies coopératives, lit son rapport.

Rapport sur les Pharmacies Coopératives

Dans le courant de l'année 1898, quelques militants coopérateurs de l'*Avenir* de Plaisance pensèrent avec raison que, vu la prospérité de leur Société, il était de leur devoir et en leur pouvoir de créer une Pharmacie coopérative.

A cet effet, il fut nommé une Commission chargée d'étudier la question et de faire un rapport à la plus prochaine Assemblée Générale.

Cette Commission, dont le Rapporteur fut le citoyen Keüffer, aujourd'hui Vice-Président du Conseil supérieur du Travail, se mit aussitôt à l'œuvre, se documenta sérieusement et, à l'Assemblée Générale du 18 Décembre 1898, déposa son rapport qui concluait à la non possibilité de faire une Pharmacie coopérative proprement dite.

Vers la même époque, la Bourse coopérative publiait dans son Bulletin un rapport qui concluait dans le même sens.

Les motifs qui, à cette époque, empêchaient la Coopération de France de fonder des Pharmacies coopératives, subsistent encore aujourd'hui.

En effet, les lois, lois faites pour le plus grand profit de la bourgeoisie, font de la Pharmacie un monopole exclusivement profitable au seul syndicat des Pharmaciens. Ces lois ou plutôt le syndicat des Pharmaciens se départit pourtant quelquefois de son inflexibilité et fait abdication des droits qui lui sont conférés par le Code.

C'est surtout, vous le savez déjà, lorsqu'il s'agit des dispensaires cléricaux, ce qui démontre une fois de plus que ces bêtes noires ont toujours de leur côté les forces dirigeantes et privilégiées, quelles qu'elles soient.

Il est inutile de vous citer les arrêts de Cours d'Appel et de la Cour de Cassation faisant toujours respecter le monopole du Syndicat des Pharmaciens.

Toutefois il est bon de vous faire connaître que des sociétés ont appris,à leurs dépens, ce qu'il en coûte de vouloir faire de la Pharmacie coopérative sous le régime de liberté qui nous régit actuellement.

La Revendication de Puteaux fut, pour ce fait, condamnée le 17 septembre 1887 par le Tribunal de la Seine. Le 24 novembre de la même année, sur appel de la Revendication, la Cour de Paris confirmait purement et simplement le jugement du 17 septembre 1887.

L'Égalitaire et la Bellevilloise furent également condamnées pour avoir voulu faire de la pharmacie coopérative.

La question est donc bien nette. On ne peut pas en France faire de la Pharmacie coopérative.

Doit-on pour cela se tenir les bras croisés et regarder Messieurs les Pharmaciens jouir en paix des prérogatives qui leur sont faites par le décret de 1777 et de la loi de l'an XI ?

Nous ne le croyons pas.

Bien au contraire, nous pensons que la Coopération est maintenant une force suffisamment puissante pour qu'on doive écouter sa voix et aussi faire pour elle que le principe d'égalité ne soit pas un vain mot.

Pourquoi donc veut-on toujours arrêter le peuple, quand, par une compréhension juste des choses, il se place par la coopération sur le chemin qui sûrement le mènera à son émancipation ? Oui, pourquoi ? il faudrait qu'on le dise. Voudrait-on qu'il se mît en colère ?

Il ne le faut pas, camarades, mais pourtant, quand vous vous trouverez en face de citoyens sollicitant vos suffrages pour vous représenter dans les corps électifs, exigez des candidats des explications très nettes sur ce qu'ils pensent de la coopération.

Mais nous voici un peu loin des Pharmacies coopératives. Revenons-y vivement, et examinons comment quelques camarades ont su tourner la loi.

Tout d'abord, il convient d'indiquer comme moyen que les coopératives peuvent se constituer en Sociétés de Secours Mutuels, ce qui, malgré certains inconvénients, leur permet de faire de la Pharmacie coopérative.

Nous croyons pourtant que ce moyen n'est possible que pour les grandes Sociétés ou pour une Fédération de Sociétés.

La Bourse coopérative, par exemple, pourrait, si les sociétés voulaient bien le comprendre, réaliser cette chose bienfaisante.

Grâce au bon vouloir de M. Daudé, pharmacien d'une ville du Midi, j'ai sous la main quelques documents traitant de la possibilité et des avantages qu'ont les Sociétés de Secours Mutuels à faire de la pharmacie coopérative. Je suis heureux de pouvoir en faire profiter le monde coopérateur.

Voici, sans désigner la Société, comment M. Daudé explique le fonctionnement de la pharmacie coopérative d'une agglomération de 5.000 mutualistes.

DÉPENSES ANNUELLES

1 Pharmacien prête-nom gérant	3.600 Fr.
1 Élève	2.400
1 Garçon de Laboratoire	600
1 Comptable	750
Loyer	850
Impôts, Assurances, frais de bureau.	250
Chauffage, éclairage, imprévu.	500
Drogues	1.900
Total	10.850
Frais d'achat de matériel	9.000

Voyons maintenant comment les recettes devraient s'opérer.

Sur le trop-perçu, 1 fr. 50 par mois et par sociétaire, pour médecin et médicaments, ce qui donne une somme de 90.000 fr.

Avec cette somme M. Daudé prétend — et nous sommes de son avis — qu'il est possible d'assurer le service médical à domicile et d'acheter toutes les marchandises nécessaires et de 1ʳᵉ qualité, et fait entrevoir qu'il resterait disponible une somme assez forte en fin d'exercice.

A Limoges, où il existe pourtant une Société coopérative; ce sont les Sociétés de Secours Mutuels, dont la plupart des membres sont des coopérateurs, ce sont ces sociétés qui, pour tourner la loi, ont fondé une Pharmacie coopérative.

Ces Sociétés, pour assurer le fonctionnement de la pharmacie et la délivrance gratuite des médicaments aux adhérents, versent une somme de 6 francs par an et par sociétaire.

Maintenant, passons aux pharmacies coopératives de l'étranger.

Disons tout de suite que toutes sont florissantes.

A Genève, nous trouvons une pharmacie qui, avec un capital Actions de 16,515 francs, a réalisé un bénéfice de 1,986 francs 80, tout en vendant meilleur marché que les pharmaciens et des produits de qualité supérieure.

La Belgique, n'étant pas comme nous gênée par les lois, a aussi ses pharmacies coopératives, dites Pharmacies populaires.

Les documents que j'ai pu me procurer à ce sujet datant de quelques années, les chiffres que je pourrais citer seraient forcément à côté de la vérité; c'est pourquoi je me contenterai de citer le nom de ces Sociétés afin que les camarades qui seraient désireux de renseignements sachent où se les procurer.

Bruxelles, Gand, Verviers, Liège, Jolimont, Charleroi, Anclières, ont leur Pharmacie coopérative. Dans cette branche de la coopération nos amis belges peuvent encore nous servir de modèle.

Pour conclure, camarades, nous disons :

Y a-t-il, pour les coopératives de France, avantage à se constituer en sociétés de Secours Mutuels afin de créer des Pharmacies coopératives ? Nous pensons que non, qu'il vaudrait mieux que les sociétés, s'inspirant de la force que leur donne la Bourse coopérative, décident que le Bureau de la Bourse fasse à la direction d'une grande Pharmacie de Paris une visite qui amènerait cette Pharmacie à livrer aux coopérateurs des produits de bonne qualité à des prix très réduits.

Ceci, en attendant que le peuple, conscient de sa force, amène les législateurs à démolir les chinoiseries du Code, qui gênent et entravent la Coopération dans sa marche en avant.

Après la lecture du rapport. le citoyen BAGNOL prend la parole et dit que l'on complique les choses. La coopération peut elle-même organiser ses pharmacies, et on doit les établir ; étant propriétaires de ces pharmacies, la loi ne peut nous empêcher de les prendre en notre nom : je me suis renseigné auprès de médecins et pharmaciens, qui m'ont dit que c'était possible.

Le citoyen ANDRIEUX *(La Concorde)*. — Dans le Nord il y a des essais faits ; on pourrait voir de quelle façon elles sont organisées.

Le citoyen BAGNOL. — Enfin, que ce soit d'une façon ou d'une autre, peu importe ; ce qu'il y a d'urgent, c'est qu'il faut créer ces pharmacies. Quand les coopératives auront leurs médecins attachés aux pharmacies, ce sera autant de propagandistes socialistes. Le médecin combat la propagande du curé, il a de l'influence sur la famille, il appliquera les saines mesures d'hygiène afin d'avoir le moins de malades possible, et il se consacrera de ce fait à la propagande active que lui permettront ses loisirs. Dans

les campagnes, le curé qui visite les familles oblige les
habitants d'aller à la messe : le docteur socialiste fera la
même besogne en sens contraire.

Le citoyen DELORY. — A ce sujet nous avons établi un
bon travail dans le Nord, et nous avons également des
propagandistes qui parcourent les campagnes en faveur
de la propagande socialiste. Mais cette question n'est pas
facile à discuter aujourd'hui en si peu de temps ; on peut
poser la question dans un prochain bulletin de la Bourse.

Le citoyen JEGOUX *(Famille rennaise)* soutient la thèse
que les coopératives peuvent avoir les médecins et les
pharmaciens.

Le citoyen SALMON, rapporteur, se range à l'avis de
Delory et de Jegoux, en demandant que la Bourse coopérative fasse une propagande active en faveur de cette
idée.

Le délégué de la Maison du Peuple de Boulogne dit
que la *Moissonneuse* a demandé la permission de tenir
une pharmacie ; il ne lui a pas été possible de l'avoir en
tant que propriétaire avec un diplômé.

Le citoyen LÉONARD (député de Charleroi). — En
Belgique, compagnons, les pharmacies coopératives sont
très répandues : Jolimont en a 3, Gand en a 4, qui vivent
de la clientèle des coopérateurs ; à Bruxelles et dans
d'autres organisations fédérales, les coopératives subven-
tionnent les officines, elles donnent en plus 0,05 par tête
au service médical. La pharmacie coopérative belge
rapporte de 3 à 5000 francs de bénéfices ; ceci, pour
indiquer les avantages. Quant à l'organisation française
de ces pharmacies, c'est à étudier, et nous sommes d'avis
qu'il est urgent d'en créer.

La discussion étant close sur ce point, le rapport est renvoyé à la commission permanente dont le rapporteur fera partie de droit.

Le citoyen BORDIER (Union ouvrière du XIVe) lit un vœu tendant à créer un orphelinat de la coopération : il cite le cas des ouvriers de la bijouterie qui, moyennant des cotisations de 0,50 c. par mois, entretiennent cet orphelinat.

Le citoyen DELORY. — Je propose le renvoi à la commission permanente. On ne peut voter sur tous les vœux qui vont vous être présentés, sans cela on dirait que le Congrès n'est pas sérieux.

Le citoyen HAMELIN. — A chaque fin de Congrès où j'ai assisté, quantité de vœux sont déposés. J'appuie la proposition Delory, en demandant qu'on y adjoigne tous ceux qui viendront au bureau.

Adopté.

Le citoyen PORNEAU (*La Thémis*). — A *La Thémis* nous retenons 4 °/₀ sur les trop-perçus pour les veuves et orphelins.

Le délégué de *La Revendication* de Puteaux. — Citoyens, avant la lecture des vœux, ma société vous invite à venir samedi, à 11 heures, visiter son immeuble pour, de là, se rendre ensuite à la fête de Longchamps.

Le président lit les vœux suivants qui sont envoyés à la commission.

VŒUX

1° Si on aboutit à faire l'union des coopératives dans la région parisienne, on a déjà fait un grand pas dans la Révolution; on ne peut mettre tous ces vœux debout avant que la fédération soit constituée.

SAMSON (Union de Lille).

2° Je demande aux sociétés coopératives qu'elles prennent chacune un petit fût de notre vin, afin de se rendre compte de la qualité de nos produits, et pour créer une union complète entre les travailleurs des champs et des villes.

THUMEREAU (Vignerons tonnerrois).

3° Je demande la nomination d'une commission arbitrale composée par moitié de délégués de la Bourse coopérative et pour moitié de membres de l'Union syndicale des employés de coopératives.

En cas de résultat négatif, on nommerait alors un arbitre suprême.

MICHEL (Choisy-le-Roi).

Après la lecture de ce vœu, le citoyen LEBORGNE prend la parole et dit que, si les employés ne sont pas socialistes, c'est souvent la faute des conseils d'administration qui acceptent ces employés quoique réactionnaires.

A l'*Avenir* de Plaisance, le conseil est socialiste, ses membres sont groupés; cependant il a accepté des membres qui ne le sont pas. Le syndicat des employés des coopératives est socialiste; là sont les employés de coopératives qui rendront les coopératives socialistes ; il faut que nos employés pensent comme nous; il faut qu'étant en contact permanent avec les sociétaires, ils lui indiquent la marche à suivre. A l'*Avenir*, nous sommes contre les gros trop-perçus; c'est d'ailleurs le citoyen Guillemin qui le premier a lutté contre cet accroissement de prorata, et nous l'avons suivi parce que nous sentions bien avec lui que, quand les sociétaires n'avaient en venant à la coopérative que cet objectif, ils ne pouvaient posséder le désintéressement qui fait le bon socialiste.

Eh bien, nos employés nous ont aidés, et les sociétaires acceptent cela, quand par contre, dans d'autres sociétés, on ferait du scandale. La société a décidé qu'au dessus de 5 % les trop-perçus iront à la propagande socialiste.

Le citoyen LÉONARD (Charleroi). — En Belgique, les employés sont socialistes. Quand une coopérative a besoin d'un employé, elle en avise les groupes, qui présentent chacun un candidat, qui est coopérateur et socialiste ; on met le camarade qui est pris dans un emploi en rapport avec celui qu'il avait. Dans chaque coopérative il y a deux employés attachés au Comité exécutif ; ils ont droit de vote au conseil, et nous ne craignons rien, puisque ce sont des camarades que nous avons choisis parmi nous. La coopérative sert surtout à donner un emploi au militant qui, chassé de partout, trouve dans la coopérative le morceau de pain socialiste. C'est de la solidarité socialiste. (*Applaudissements*).

Le citoyen DODIER (*La Famille*). — Quand j'ai appris que le citoyen Michel, employé et administrateur de coopérative, allait porter cette question au Congrès, je l'ai approuvé. Il faut vous dire qu'à *la Famille*, tous les employés sont syndiqués comme à Charleroi, et nous nous félicitons d'avoir des employés modèles, dans lesquels nous avons pleine et entière confiance. Il y a donc lieu d'étudier cette question de très près afin que nos coopératives soient de véritables modèles d'administration socialiste et pratique.

Le délégué de Bordeaux. — Je vous ferai remarquer que la clôture a été votée.

Le citoyen président. — Renvoyé à la commission.

VŒUX

LE CONGRÈS,

Considérant que le socialisme doit se proposer l'affranchissement intégral des travailleurs (affranchissement économique, politique, intellectuel et moral);

Considérant qu'un des plus grands obstacles rencontrés dans cette œuvre d'affranchissement consiste dans l'alcoolisme qui abrutit, aveulit et dégrade une partie malheureusement trop grande de la classe ouvrière;

Considérant qu'au point de vue de l'alcoolisme, comme aux autres points de vue, l'affranchissement des travailleurs doit être l'œuvre des travailleurs eux-mêmes;

Émet le vœu que les Sociétés coopératives de consommation vraiment socialistes apportent leur appui à la propagande contre l'alcoolisme parmi les travailleurs et arrivent à proscrire de leurs buvettes la répartition de toutes liqueurs distillées.

Henri JULLIEN, *Maison du Peuple* de Boulogne-sur-Seine; Charles MICHEL, délégué de la *Société coopérative* de Choisy-le-Roi; DECHA, *Union Amicale* du XVe; L. MALLEBAY, *Solidarité des Travailleurs*, 4, rue Véronèse, XIIIe; H. BAGNOL, membre du *Syndicat des Employés de corporatives*; Marius DEVÈZE; JAURÈS.

Je soumets au Congrès la résolution suivante :

LE CONGRÈS,

Considérant que les discussions qui se sont produites ont démontré que les Sociétés coopératives socialistes de produc-

tion peuvent prendre un essor considérable, capable de faire
échec à la puissance capitaliste qui est la plaie de l'humanité ;

Mais que, pour cela, il faut que les Sociétés soient bien
comprises par la classe ouvrière, et soient bien gérées par
les Conseils d'administration ;

Considérant que la science administrative socialiste est
encore à l'état embryonnaire en France surtout, ce qui fait que
le peu d'administration qui se pratique est copiée sur l'administration capitaliste que nous voulons détruire ;

En conséquence, le Congrès décide : 1º qu'il y a lieu de
rechercher un moyen socialiste, simple et pratique, pour
arriver au développement des Sociétés coopératives socialistes, et pour en faire toucher du doigt toute la portée à la
classe ouvrière tout entière ;

A cet effet, le Congrès donne mandat à la Commission
permanente qu'il a nommée, d'établir un concours public international sur le thème suivant :

« Quel est le moyen socialiste le plus simple et le plus pratique de bien gérer les sociétés coopératives de consommation
et de bien en faire comprendre le sens et la portée à la classe.
ouvrière tout entière ? »

2. Chaque concurrent enverra son travail sous pli cacheté
à la Commission, qui ne sera ouvert que par le jury qui aura
été désigné par les sociétés adhérentes au Congrès.

3. Il y aura trois prix pour les concurrents : 1ᵉʳ 1.000 fr. ;
2ᵐᵉ 500 fr. ; 3ᵐᵉ 300 fr.

Dulucq,
Maison du Peuple, de Paris.

Le Congrès émet le vœu que les Sociétés coopératives
apportent leur appui aux œuvres d'éducation sociale en
général et en particulier aux Universités populaires qui,
par leur propagande éducative, préparent les travailleurs à

prendre part d'une façon utile au développement des organisations ouvrières.

Les délégués de la *Bellevilloise*, A. COLIN, ROLLAND; Charles MICHEL, de la *Coopérative* de Choisy-le-Roi; *La Probité*, *La Solidarité*, rue Broca; Henri JULLIEN, *Maison du Peuple* de Boulogne-sur-Seine; Ph. LANDRIEU; A. HAMELIN; MORDANT, *Émancipation* du XVIIIe; MAUSS; Maria VÉRONE, *La Ménagère* du XVIIe; X. GUILLEMIN; *Union Ouvrière* du XIIIe; LAURENT, *Revendication*, de Puteaux; JEANGERARD.

Le citoyen HAMELIN demande qu'avant le congrès international, il y ait au préalable un congrès national, et il propose Lille. Nous pourrions, immédiatement après, dans la même semaine, le faire suivre du congrès international qui se tiendrait en Belgique. La Belgique et la fédération du Nord s'entendront sur la date des Congrès.

Le citoyen THUMEREAU appuie fortement.

Accepté à l'unanimité.

Le citoyen BAGNOL. — Citoyens, je crois qu'il serait bon, avant de nous séparer, de nommer une commission de propagande qui serait chargée d'aller dans les Sociétés faire connaître les décisions du Congrès. Si l'on ne trouve pas de noms, que des camarades se mettent à la disposition de la Bourse coopérative pour l'aider dans sa tâche. La Bourse coopérative fera le nécessaire.

Le Pavillon syndical demande que les congressistes visitent le Palais du travail.

L'Association des photographes fait un cliché des membres présents.

Il est décidé que la carte portera l'inscription suivante:

*Congrès coopératif socialiste, tenu à Paris, les 7, 8, 9 et
10 Juillet 1900, au Palais du travail.*

Après visite à travers le Palais, les vignerons de Man-
duel offrent un vin d'honneur de leur récolte aux délégués
afin de consacrer l'accord des travailleurs de la ville et
des champs.

La période des discours étant terminée, les délégués
choquent leurs verres en se donnant rendez-vous à Lille
l'année prochaine, et en prenant l'engagement de pousser
les coopératives dans la voie socialiste.

L'Internationale de Pottier est chantée en chœur par
200 poitrines ardentes, et les délégués se séparent aux
cris de : Vive la sociale !

NOTE

Lettre du citoyen DELORY à la *Petite République* :

Dans le compte rendu du Congrès des coopératives socialistes, la *Petite République* portant la date du mardi 10 juillet
me fait dire le contraire de ma pensée.

Ayant été amené à compléter mes explications dans la
séance suivante, je comptais que le compte rendu en aurait
dit un mot ; il n'en est rien. Je dois donc vous prier de vouloir
bien publier ces quelques lignes, ne voulant pas que ma
pensée soit aussi mal interprétée.

Voici les faits :

Le citoyen Guillemin dans son rapport avait demandé :

1° Que nul soit accepté comme adhérent dans une coopérative s'il n'est, au préalable, reconnu comme socialiste ;

2° Que ces associations prennent part aux luttes électorales.

J'ai déclaré et je déclare encore que, la coopération n'étant pas le but du socialisme, mais un moyen, il n'était pas indispensable d'être socialiste pour être coopérateur, que, cette forme d'association pouvant être considérée comme le premier cours du socialisme, il n'était pas plus rationnel d'exiger du nouvel adhérent une connaissance de principes qu'il ne le serait d'exiger qu'un enfant sache lire pour l'admettre à l'école ;

Que d'autre part, inviter les coopératives à entrer dans les élections, c'était les·opposer aux organisations socialistes mieux en situation pour cette sorte de besogne.

On est bien obligé de reconnaître qu'à Paris moins qu'ailleurs l'on a besoin de créer de nouvelles pépinières de candidats.

J'ai terminé en déclarant que les coopératives doivent se rallier franchement à l'idée socialiste et que, pour elles, le meilleur moyen d'aider à la propagande de nos principes, c'était, à l'aide d'un prélèvement sur leurs chiffres d'affaires, de créer des ressources pour cette diffusion.

Le point sur lequel je diffère d'avec un certain nombre de socialistes, c'est que moi je crois, qu'étant donné le but poursuivi et le personnel de ces associations, elle ne devraient pas être appelées à la direction de notre Parti.

G. DELORY,

Délégué de l'*Union* de Lille au Congrès
des Coopératives socialistes.

Ainsi, il appartient aux groupes de désigner les candidats, et les coopératives ont pour devoir de les soutenir, pécuniairement ou de tout autre façon. C'est précisément ce que nous avons voulu dire, et, au fond, nous nous trouvons parfaitement d'accord.

X. GUILLEMIN.

NOMS DES SOCIÉTÉS	Nombre de Sociétaires		DÉLÉGUÉS
		PARIS	
Avenir de Vaugirard.	1.235	287, rue de Vaugirard	Lefèvre, Georges
Avenir de Plaisance	5.200	13, rue Niepce	Bénard, Salmon
Bellevilloise	7.378	6, rue Henri Chevreau	Colin, Rolland
Bel-Air.	140	46, rue du Rendez-Vous	Molle
Coopération Socialiste	38	84, rue Barrault	Jaurès, Mauss
Concorde.	1.500	97, rue du Mont-Cenis	Andrieux
Espérance des Vᵉ et XIIIᵉ	500	28, boulevard Arago	Klotz
Économie Parisienne	580	29, rue des Gravilliers	Carmentrant
Économie Fraternelle du Vᵉ	100	12, rue Geoffroy-Saint-Hilaire	Bezard, Daussinaud, Boehm, Guyon
Émancipation du XVᵉ . . . . . , . .	80	38, rue de l'Église	Aubriot
Égalitaire	7.509	17, rue Sambre-et-Meuse	Cotte, Pasquet
Émancipation (rue Labat)	100	69, rue Labat	Mordant
Famille du VIIᵉ (rue Malar)	1.125	28, rue Malar	Dodier, Lavalette, Simothé
Gauloise	150	34, rue Pernety	Mosnier, Billotte, Margerie, Bourdillat
Glaneuse Parisienne.	210	rue Sophie Germain	Guillemin
Laborieuse	1.115	144, rue du Chemin-Vert	Guillemin
Maison du Peuple de Paris	223	47, rue Ramey	Rebins, Dulucq, Berger
Ménagère du XVIIᵉ	310	8, rue des Apennins	Duparchy, Maria Vérone, Lancecruse

Marais	92	12, rue Geoffroy d'Angevin	Roche, Maurin, Laure
Probité.	320	12, rue Coypel	Meunier
Prévoyante de Montmartre.	300	19, rue Letort	Guillemin
Ruche du XIVᵉ.	500	12, rue Liancourt	Scorgeon
Solidarité (rue Broca)	90	113, rue Broca	Meunier
Solidarité des Travailleurs du XIIIᵉ	100	rue Véronèse	Decamps, Mallebay
Thémis	1.327	24, rue Violet	Porneau
Union des Travailleurs du XIIIᵉ . .	1.100	66, rue Baudricourt	
Union Ouvrière du XIIIᵉ	500	4-6, r. de la Butte-aux-Cailles	Rocher
Union Ouvrière du XIVᵉ		37, rue des Artistes	Bordier
Union Amicale du XVᵉ.	222	101, rue Mademoiselle	Decha
Utilité Sociale	1.300	113, boulevard d'Italie	Givort
Union du Plateau.	185	42, rue des Alouettes	Simon, Jaffre

SEINE

Avenir de Malakoff	500	Malakoff	Delêtre
Alliance des Travailleurs de Le-vallois.	4.000	Levallois-Perret	Georgel
Avenir du Haut-Montreuil	280	Montreuil-sous-Bois	Grosdidier
Abeille Suresnoise.	975	Suresnes	Boock, Schmith
Avenir des Béatus	42	Épinay	Bertrand
Coopérative de Choisy-le-Roi . . .	1.126	Choisy-le-Roi	Michel
Confiance.	380	Saint-Denis	Fonvielle
Dionysienne	1.009	Saint-Denis	Bertrand
Fraternelle de Vanves	400	Vanves	Charpentier
Garennoise.	120	La Garenne	Cohen
Maison du Peuple	190	Boulogne	Jullien

NOMS DES SOCIÉTÉS	Nombre de Sociétaires		DÉLÉGUÉS
Persévérants	258	Saint-Denis	Pelois
Progrès.	250	Gentilly	Landrieu
Progrès Social	204	Sceaux	Salmon
Prévoyante.	550	Les Prés Saint-Gervais	Henriet
Ruche	408	Nanterre	Georgel
Union des Ménagères	500	Saint-Denis	Guillemin
Union Fraternelle des Travailleurs	200	Issy	Guillemin
Union des Travailleurs	320	Arcueil	Vaucanson
Union Montrougienne	500	Montrouge	Richard
Revendication de Puteaux.	4.004		Laurent, Jeangérard
SEINE-ET-OISE			
Coopérative d'Ermont	338	Ermont	Beguin
L'Utilité	100	Brunoy	Guillemin
Union des Travailleurs.	120	Deuil	Passereau
DÉPARTEMENTS			
Abeille Mehunoise	310	Mehun-sur-Yèvre (Cher)	
Avenir d'Angers-Outre.	100	Angers	Bellier
Ancienne de Saône-et-Loire	98	Saône-et-Loire	
Coopérative de Bellevue.	46	Montceau-les-Mines (Saône-et-Loire)	Ducret
Coopérative des Familles	150	Bordeaux	Langevin
Coopérative d'Amboise.	200	Indre-et-Loire	Guillon

Coopérative de Jarville	1.155	Meurthe-et-Moselle	
Coopérative des Syndicats Angevins	250	Angers	Lemaître
Épicerie Coopérative.	1.017	Tours	Petitjean
Économie.	389	Saône-et-Loire	
Évolution	350	Rouen	Hénault
Épargne de Crépy-en-Valois. . . .	200	Oise	Desain
Économie Beauvaisienne.	170	Oise	Vienne
Fraternelle de Saint-Claude	250	Jura	Hamelin
Fraternelle de Voiron	850	Isère	Beguin
Famille Rennaise.	500	Rennes	Jégoux
Indépendante.	203	Saône-et-Loire	
Maison du Peuple	60	Charleville (Ardennes)	Pernelle
Prévoyante du Bois-du-Leu.	100	Saône-et-Loire	
Prolétarienne.	50	Tours	Dubois
Ruche Montluçonnaise.	400	Allier	
Revanche Prolétarienne	250	Carmaux (Tarn)	Le Clerc
Solidarité Sottevillaise.	2.900	Rouen	Boullé, Poullain
Solidarité de Cognac.	489	Charente	
Solidarité Caennaise.	300	Caen	
Solidarité de Courrières.	130	Pas-de-Calais	Fédération du Nord
Solidarité Vendomoise.	161	Vendôme	
Union Ouvrière	130	Lyon	
Union de Châtellerault.	1.000	Châtellerault	Sireau, Pichon
Union des Travailleurs de Saint-Étienne	260	Saint-Étienne	
Union Ouvrière Calaisienne	300	Calais	Salembler
Viager Perpétuel.	3	Château-Thierry (Aisne)	Boulin
Humanité de Wattrelos	500	Nord	Beguin, Ser
Union d'Amiens	2.450	Amiens	Malbranque

NOMS DES SOCIÉTÉS	Nombre de Sociétaires	FÉDÉRATIONS DU NORD	DÉLÉGUÉS		
L'Union de Lille	5.100	Lille	Delory, Waeytens		
La Paix	5.000	Roubaix	Denève, Kimpe, Garlier, Carpentier		
La Fraternelle	460	Saint-Quentin	Samson, Servais, Waerebecke		
L'Ouvrière d'Avion	270	Pas-de-Calais	»	»	»
L'Union des Mineurs	95	Pas-de-Calais	»	»	»
La Roubaisienne	720	Nord	»	»	»
L'Avenir Béthunois	180	Pas-de-Calais	»	»	»
La Fourmillière	130	Pas-de-Calais	»	»	»
L'Avenir des Travailleurs	234	Nord	»	»	»
L'Espérance	160	Pas-de-Calais	»	»	»
La Fourmi	50	Pas-de-Calais	»	»	»
L'Indépendance des Prolétaires	105	Pas-de-Calais	»	»	»
La Concorde de Rouvray	50	Pas-de-Calais	»	»	»
Le Travail	7	Roubaix	»	»	«
L'Union de Waziers	117	Nord	»	»	»
L'Avenir des Ouvriers	1.494	Armentières	»	»	»
La Fourmi de Lilliers	688	Nord	»	»	»

FÉDÉRATION DES ARDENNES

Union des Coopératives Ardennaises.		Charleville (Ardennes)	Pernelle 19 sociétés

2 Fédérations représentant 36 Sociétés.

NOMS DES SOCIÉTÉS	Nombre de Sociétaires	NATIONS	DÉLÉGUÉS
		BELGIQUE	
La Concorde	6.000	Charleroi	Léonard
La Maison du Peuple	16 000	Bruxelles	Bombecck, Lallemand
Vooruit	6.500	Gand	Ansecle
		ESPAGNE	
Camara Regional	8.000	Ausias March (Barcelona)	Juan Salas Anton (80 sc)
La Sabadellense	600	Planas Sabadell	Juan Salas Anton
La Bienhechora	250	Badelona	Juan Salas Anton
		HOLLANDE	
Centraal Bureau voor Sociale Ad-viezen	900	Amsterdam	Remb
		HONGRIE	
Haugya de Budapest.		Budapest	
		ITALIE	
La Lega Nazionale		Milan	400 sociétés
Farmaceutica Cooperativa	740	Milan	
Farmaceutica Cooperativa	450	Firenze	

(9 Sociétés et 2 Fédérations représentant 480 Sociétés).

NOMS DES SOCIÉTÉS	SYNDICATS et SOCIÉTÉS DE PRODUCTION	DÉLÉGUÉS
Employés de Coopératives	Bourse du Travail, Paris	Leborgne, Charreaux
Ouvriers en Voitures	Rue Largille	
La Maçonnerie	Rue Vouillé	Portal
La Verrerie Ouvrière	Rue Vieille-du-Temple	Gidel, Hamelin
La Lutte Économique	Rue Guyton de Morveau, 7	Charpentier
Les Viticulteurs de Cognac	Montplaisir (Cognac)	Gachet
Le Chêne	Rue Thiboumery	Bagnol
Le Progrès		Chery
Les Producteurs de Damery	Damery	Grumbert, Cazebonne
Les Galochiers d'Amboise	Amboise	Guillou
L'Avenir de Manduel	Gard	Faberot
Les Sacs en papier	Rue Gergovie	Grisel
Les Fumistes de la Seine		Carrière
L'Alliance des Serruriers		Girard
Les Petits Vignerons Tonnerrois	Tonnerre (Yonne)	Thumereau, Carré
Cordonnerie Ouvrière		
Pavillon Syndical		Schneider
Bourse Coopérative		Guillemin
L'Avenir de Badevel	Badevel	Hamelin

ANNEXE

NOTICE SUR LA BOURSE COOPÉRATIVE

. Origines

En 1895, la Société l'*Économie sociale* de Clichy eut à
soutenir un procès, pour dénomination irrégulière d'une
graisse alimentaire. Embarrassée, elle fit appel aux sociétés
sœurs, qui se réunirent et décidèrent dans une première réunion de créer une nouvelle Fédération des sociétés coopératives de consommation ; des statuts furent élaborés, discutés
et modifiés dans différentes réunions qui se tinrent à Levallois,
à Suresnes, à Montmartre, à Port-Marly, etc., etc....

Disons tout de suite que le projet n'attirait que fort peu
de sociétés. Un essai fait antérieurement avait dégoûté pour
un temps assez long les coopérateurs d'alors, qui n'avaient pas
encore la conception exacte du mouvement qui a pris une
si grande extension en ces dernières années. Il existait bien
une organisation, *Le Comité Central*, mais qui ne s'occupait
que de questions d'ordre juridique, ce qui ne suffit pas dans
un organisme aussi complexe que l'est celui que nous préconisons.

Bref, on se mit à la besogne et, tenant compte de l'aversion
qu'avaient les sociétés pour ce mot de « fédération », qui
rappelait de si cruels souvenirs, on aima mieux adopter le
titre de : *Bourse coopérative des sociétés ouvrières de consommation.*

On tint des réunions, on discuta ferme ; entre temps, on

dirigeait sa société respective, on administrait son syndicat. Peu aidés, peu soutenus, les camarades du début sont aujourd'hui dispersés au hasard de la vie de militants, mais l'œuvre est restée bien nette, bien socialiste, telle que l'avaient rêvée ceux qui l'ont créée. Nous qui avons été du début avec le citoyen Boock, de l'*Abeille suresnoise*, et qui restons tous les deux, nous sommes heureux que tous ceux qui ont contribué à la fondation de la Bourse coopérative aient le droit d'éprouver de la satisfaction, en voyant leur enfant socialiste devenu aujourd'hui, selon l'expression d'Anseele, un gaillard vigoureux, bien rablé, et qui veut avoir sa place au grand soleil.

Et, pour montrer que l'idée primitive était bien socialiste, nous publions les statuts et les considérants du début, puis nous relaterons successivement les œuvres que la Bourse a créées ; l'énumération de ces œuvres démontrera surabondamment les effets bienfaisants de cette belle organisation.

Statuts de la Bourse Coopérative

Adoptés à la réunion du 1ᵉʳ décembre 1895, Salle Béranger, rue de Flandre, Paris.

Article Premier. — Il est formé, entre toutes les Sociétés coopératives ouvrières de consommation qui adhèrent aux présents statuts, une Fédération sous le titre de : *Bourse coopérative des Sociétés ouvrières de consommation,* ayant pour but :

1° De propager, soutenir, défendre les principes coopérateurs, au moyens de livres, brochures, journaux, circulaires, conférences, etc., etc.

2° De contribuer à l'extension de la coopération en tous ses objets sous les formes de la consommation et de la production ;

3° De constituer un Conseil judiciaire pour renseigner

les Sociétés sur toutes leurs opérations, marchés, contrats, baux, etc., au point de vue de la correction et de la légalité, et pour les assister dans les procès et affaires litigieuses ;

4° De créer des moyens d'action collective, par l'installation d'un siège social où seront centralisés et mis à la disposition des Sociétés tous les renseignements les intéressant, autant pour les relations entre elles que pour les transactions commerciales avec les fournisseurs et producteurs, et où les membres délégués pourront se réunir et échanger leurs vues ;

5° De venir en aide pécuniairement aux Sociétés ouvrières de consommation en formation, d'après les principes vraiment coopérateurs, et au besoin à des Sociétés constituées qui se trouveraient dans des circonstances difficiles ;

6° De créer des *Groupes professionnels,* composés de sociétaires seulement, pour la fabrication et la confection d'articles et de marchandises destinés à être mis en répartition dans les magasins des Sociétés coopératives ouvrières de consommation exclusivement, et fonctionnant sous son contrôle.

Art. 2. — La Caisse de la Bourse coopérative des Sociétés ouvrières de consommation est alimentée :

1° Par la cotisation individuelle et annuelle de tous les membres de chaque Société adhérente ;

2° Par les legs particuliers faits sans conditions ;

3° Par le produit de la vente des livres, journaux, etc., etc.

4° Par le produit des fêtes, à entrée payante, organisées par la Bourse coopérative, ainsi que celui des quêtes que les délégués de la Bourse auront mandat d'aller recueillir dans les fêtes données par les Sociétés coopératives ;

5° Et par l'intérêt des sommes *capitalisées* qu'elle aura placées.

Art. 3. — Toute Société adhérente s'engage à verser une cotisation annuelle de o fr. o5 (cinq centimes) pour chacun de ses membres.

Les versements sont établis d'après le nombre des membres des Sociétés, et comptés sur le dernier exercice de l'année précédente. Ils devront être effectués par trimestre à partir du jour de l'adhésion.

Toutefois, les Sociétés en formation, qui en feront la demande, seront exonérées de leurs cotisations pendant deux semestres, soit une année.

En cas de démission, les cotisations ne seront pas remboursées à la Société démissionnaire.

Art. 4. — Le fonctionnement de la Bourse coopérative sera assuré par un Comité composé de membres de toutes les Sociétés adhérentes, à raison de deux délégués par organisation, dûment mandatés, lequel se partagera en Commissions.

Les Commissions seront temporaires et *renouvelables par moitié*.

La durée de leur mandat est fixée lors de leur nomination.

Aucun membre ne pourra, deux fois de suite, faire partie de la même Commission.

Le Comité ne pourra constituer de bureau permanent.

Art. 5. — Le Comité se réunira au moins une fois par mois. Les délibérations seront valables lorsqu'elles auront été votées à la majorité relative des membres présents.

Lorsqu'un membre du Comité aura manqué d'assister à trois séances consécutives, avis en sera donné à la Société qu'il représente.

Art. 6. — Le Comité ne pourra statuer que sur les questions intéressant le groupement et sur toutes les opérations mentionnées à l'article premier.

Art. 7. — Une Commission chargée de contrôler le fonctionnement de la Bourse coopérative, sera prise parmi les

Commissions de contrôle des Sociétés adhérentes désignées par le sort, à raison de *un* délégué par Société. Cette Commission sera renouvelée par tiers tous les semestres.

Les membres sortants ne pourront être réélus qu'après une interruption de six mois de mandat.

Art. 8. — Les membres de la Commission de contrôle pourront assister aux séances du Comité, mais seul un délégué de la Commission, ayant voix consultative, pourra prendre la parole.

Le Comité et la Commission de contrôle se donneront réciproquement connaissance de leurs procès-verbaux.

La Commission de contrôle pourra, si elle le juge nécessaire, convoquer extraordinairement une assemblée de délégués de tous les Conseils d'administration des Sociétés adhérentes, pour affaires concernant la gestion de la Caisse de la Bourse coopérative, et en cas de contestation sérieuse avec le Comité.

Art. 9. — Le Comité et la Commission de contrôle rendront compte de leur gestion semestriellement, par un compte-rendu imprimé qui sera adressé à chaque Société adhérente fin janvier et juillet au plus tard.

Art. 10. — L'adhésion d'une Société devra être adressée au Comité, lequel statuera sur le vu des statuts de la Société demanderesse, mais l'admission ne sera définitive que si elle a été ordonnée ou ratifiée par ses membres, réunis en assemblée générale.

Art. 11. — Les présents statuts sont revisables. La revision ne pourra en être faite qu'en réunion plénière, convoquée spécialement à cet effet, et si elle a été demandée par le dixième des Sociétés adhérentes. Celles-ci devront être informées des modifications ou amendements à discuter au moins un mois avant la tenue de cette assemblée extraordinaire, lesquels ne seront appliqués que s'ils ont été votés à la majorité relative des Sociétés présentes et sous condition que cette majorité représente la moitié plus une des Sociétés adhérentes.

CONSIDÉRANTS VOTÉS PAR LE CONGRÈS DES SOCIÉTÉS COOPÉRATIVES OUVRIÈRES DE CONSOMMATION DE PARIS ET DU DÉPARTEMENT DE LA SEINE

Les Sociétés coopératives ouvrières de consommation, après bien des années de tâtonnements, de recherches et d'expériences, ont compris que leurs aspirations à l'émancipation économique ouvrière et au bien-être qui doit en résulter, ne sauraient être réalisés tant qu'elles s'en tiendraient à une action simplement et étroitement mercantile, et surtout tant qu'elles resteraient isolées et sans cohésion.

Elles ont reconnu que l'union et la pratique de la Solidarité leur procureraient de nombreux et puissants moyens d'acquérir la faculté et la force nécessaires pour réaliser ces aspirations si légitimes.

C'est pourquoi les Sociétés de consommation, par une évolution pacifique mais énergique, ont résolu, non seulement d'assurer leur consommation dans les meilleures conditions, mais aussi de pourvoir elles-mêmes progressivement à la production, laquelle doit être réglée par la consommation et non pas l'intérêt mercantile, stupide et égoïste, source de tant de maux.

Les Sociétés coopératives ouvrières de consommation de Paris et du département de la Seine, dans leurs Congrès mensuels, ont mis à l'étude un système d'organisation fédérative destiné à combler bien des lacunes, et à faire de la coopération un merveilleux et puissant instrument de progrès social, d'émancipation économique et de bien-être, dont profitera toute la classe prolétarienne.

L'organisation nouvelle a été étudiée et discutée dans ces cinq derniers Congrès des coopératives de consommation, et finalement constituée dans celui du 1ᵉʳ décembre 1895, sous le titre de *Bourse Coopérative des Sociétés de consommation*.

Cette institution ouvrière se dressera, avec la Bourse du Travail, contre les institutions bourgeoises et capitalistes : la Bourse du Commerce et la Bourse des valeurs ; elle garantira les travailleurs contre l'exploitation de ces deux dernières ; elle poursuivra fièrement et énergiquement son œuvre émancipatrice et économique dans l'intérêt de tous.

L'article premier des statuts de la Bourse coopérative en définit le but et trace les grandes lignes à suivre dans le vaste domaine de la coopération de CONSOMMATION et de PRODUCTION. Il y est stipulé que les travailleurs seuls sont appelés à faire leurs affaires eux-mêmes, sans l'ingérence ni le concours des gouvernants, des financiers et de tous les capitalistes. En un mot, c'est la suppression aussi complète que possible des intermédiaires et autres parasites qui dévorent la meilleure partie des produits du travail.

L'article 2 indique comment les coopérateurs pourvoieront eux-mêmes aux ressources nécessaires pour assurer le développement de leur œuvre de solidarité et la prospérité de la classe ouvrière dans les branches de la consommation et de la production.

Le fonctionnement de la Bourse coopérative a été l'objet d'une étude minutieuse et approfondie dont le résultat le plus remarquable est l'élimination complète de toute mesure pouvant permettre à une ou plusieurs personnalités d'acquérir une influence, un prestige, une prépondérance quelconque au détriment de la collectivité.

Comme conséquences morales de cette institution ouvrière, il faut placer au premier rang l'éducation économique pratique et vraie qui en résultera pour tous les coopérateurs ouvriers tant leurrés par les sophismes bourgeois.

Les conséquences matérielles ne seront pas moins grandes, car la Bourse Coopérative procurera aux Sociétés une situation prépondérante sur tous les marchés, en les mettant à même, par ses renseignements, de s'approvisionner sans intermédiaires et de se fournir elles-mêmes la majeure partie de leurs articles, de leurs denrées, et surtout de soustraire des milliers d'ouvriers à l'exploitation industrielle et capitaliste par la formation de GROUPES PROFESSIONNELS.

C'est particulièrement cette création de *groupes professionnels* qui doit préoccuper sérieusement et sans retard tous les coopérateurs ; car c'est le moyen logique et pratique le plus efficace de combattre les exploiteurs et les accapareurs du travail.

Les ouvriers, tous coopérateurs, ne verront plus leurs labeurs, leurs talents, leur habileté professionnelle, leurs peines, servir exclusivement à l'enrichissement scandaleux de commerçants, d'entrepreneurs et de tant d'intermédiaires parasites qui profitent seuls du travail d'autrui.

Les Sociétés coopératives de consommation, maîtresses de la production effectuée par leurs membres, donneront à ceux-ci un salaire équitable, affranchi de la forte dîme prélevée actuellement par les exploiteurs.

Le chômage, conséquence désastreuse de la surproduction, ne viendra pas exercer ses ravages et jeter la misère parmi tant d'ouvriers.

Enfin, les coopérateurs et les vrais producteurs seront les seuls bénéficiaires du travail dans ses multiples applications.

Il est inutile de faire remarquer que la FÉDÉRATION des Sociétés de consommation, qui a donné naissance à la Bourse coopérative et la constitue essentiellement, n'a rien de commun, dans sa conception, son but et ses moyens d'action, avec les anciennes Fédérations qui n'ont pas donné les résultats que l'on en attendait. Ici, l'expression de « Fédération » n'est employée que dans le sens strict d'association de Sociétés ; association plutôt morale, ne constituant pas une organisation autonome, dominatrice et spéculative.

Il est formellement entendu que les Sociétés adhérentes à la Bourse coopérative conservent leur autonomie, leur liberté d'action pleine et entière, pour tout ce qui concerne leur organisation, leur administration, leurs opérations.

La Bourse coopérative est un centre de renseignements, un instrument de propagande de coopération, un trait d'union entre les Sociétés et un moyen de défense. Sans s'immiscer dans les affaires particulières des Sociétés, elle est destinée à favoriser les relations, les communications des coopérateurs avec les producteurs et les fournisseurs, et réciproquement, sans faire œuvre de trafic, et s'interdisant d'intervenir dans les transactions à un titre quelconque.

La Bourse coopérative a aussi pour mission de rendre possibles, faciles et fréquentes les relations économiques internationales entre les associations de consommation et de production du monde entier ; elle servira ainsi à la diffusion des principes et des bienfaits de la vraie coopération, contribuant, dans une large mesure, à l'avènement de la fraternité universelle.

Le siège de la Bourse coopérative est fixé provisoirement dans l'Immeuble de l'« Égalitaire », 17, rue de Sambre-et-Meuse, où doivent être adressées toutes les correspondances et communications.

Les membres de la Commission exécutive provisoire :
Bock, de l'*Abeille suresnoise* ; Cabourg, de la *Lilasienne* ; Guillemin, de l'*Avenir* de Plaisance ; Fèvre, de la *Marmite* ; Lasotgne, de l'*Utilité sociale* ; Siffait, de l'*Égalitaire* ; L. Stroobant, de l'*Union des Transports*.

Ces statuts et ces considérants donnent exactement le caractère de la Bourse coopérative. Voyons maintenant ce qu'elle a fait et si elle est restée dans son rôle, en énumérant, année par année, les œuvres qu'elle a lancées et mises debout, l'influence morale qu'elle a eue sur le mouvement coopératif socialiste, en montrant, en un mot, ce qu'avec de l'énergie, de l'honnêteté on peut faire.

Année 1895. — Dans la réunion de la Bourse coopérative du 20 décembre 1895, tenue salle Petrelle, le vœu suivant est exprimé :

« Les Coopératives : l'*Utilité sociale*, la *Lilasienne*, l'*Abeille suresnoise*, l'*Égalitaire*, la *Laborieuse*, la *Prévoyante* de Montmartre, l'*Union des transports*, l'*Union ouvrière*, la *Marmite*, l'*Avenir* de Plaisance, la *Ménagère*, l'*Ouvrière*, l'*Union sociale*, l'*Union ouvrière* du XIIIe, la *Bel-Air* décident d'aider les verriers de Carmaux à se former en Çoopérative, combattent la Verrerie aux verriers, qui amènerait fatalement la substitution de l'ouvrier capitalisant au patron capitalisant. »

La Verrerie ouvrière avait créé un mouvement de solidarité et d'enthousiasme. Cela fit du bien à la Bourse coopérative. Les six premiers mois furent employés à la propagande, dans les assemblées générales, dans les fêtes; l'on voyait les camarades aller prendre la parole et prêcher la coopération socialiste. Oh ! ne le dissimulons point, ce ne fut point toujours des acclamations qui accueillirent les camarades ; il y eut même des séances d'assemblées générales qui resteront mémorables dans l'esprit de ceux qui y assistèrent, et j'en sais une où les arguments ne suffirent point pour faire comprendre au conférencier qu'il n'y avait rien à faire. Hélas ! aujourd'hui, ladite assemblée, composée des mêmes éléments, est opposée à toute proposition anti-socialiste, et ceux qui criaient les plus forts se sont rangés de notre côté ! Ainsi vont les choses !

Année 1896. — La première période fut donc consacrée à la propagande. Au mois de juillet, le Bulletin mensuel fut créé, et donnait déjà quelques renseignements sur la question des vins.

Dix-huit sociétés répondirent. Elles consommaient 78.777 hectolitres. Chaque société avait donné ses renseignements particuliers. Il en fut de même pour les pâtes, les sardines, etc. Ainsi, les petites sociétés bénéficièrent des avantages des grosses en consultant le Bulletin. On spécifia même cette clause aux fournisseurs.

Les charbons, les savons, d'autres produits encore furent étudiés. On décida de n'avoir qu'un type de litre de la Verrerie ouvrière pour les Sociétés coopératives ; de plus, l'on obligea les fournisseurs à ne servir leurs produits que dans ces litres; on fixa le prix de 15 fr. les 100, qui ne devait pas varier, malgré la concurrence des verriers qui baissèrent le cent de litres jusqu'à 9 fr. : les Sociétés continuèrent à payer 15 fr. Ajoutons que, comme compensation, aujourd'hui que les litres valent 19 fr., les Sociétés ne les paient toujours que le premier prix.

Ce fut cette même année que l'on entra en relations avec les vignerons tonnerrois pour l'achat aux producteurs directs.

Année 1897. — Création du fonds de développement destiné à constituer un capital impersonnel dans chaque Société.

Etude d'une distillerie coopérative, qui n'a pas abouti.

Étude en vue de la formation d'une cordonnerie ouvrière.

Études sur les cafés, sur les sucres, sur la boulangerie coopérative, sur le chantier à charbons, sur le lait, tous documents qui sont d'une très grande importance et qui sont conservés précieusement dans les archives.

L'assurance coopérative fait son apparition, et le Bulletin de juillet lance l'idée.

En cette même année, la Bourse coopérative prête son concours pour protester contre la crise du pain cher, et signale le fait que les sociétés ayant des boulangeries ont maintenu le prix du pain pendant toute la crise.

Création du syndicat des employés de coopératives.

Après le procès de l'*Avenir* de Plaisance, elle fait paraître *La Coopérative ouvrière*, qui renseigne les sociétés sur le mode de constitution, règlements, statuts, etc...

Projet d'un pavillon syndical et coopératif. Des bulletins et des circulaires sont répandus dans toute la France aux frais de la Bourse ; la commission est nommée ; elle est composée de syndicats, de coopératives de production et de consommation.

Voilà le bilan de 1897. Les résultats en sont importants, étant donné surtout que les ressources étaient maigres. La Bourse avait créé un contact continuel entre les coopératives et les syndicats qui ne se voyaient pas d'un très bon œil.

Rabais de prix sur les savons, les légumes secs et autres denrées. — Constitution d'un Conseil juridique.

Année 1898. — Envoi d'un rapport très documenté et détaillé sur la loi sur les boissons hygiéniques. Ce rapport fut cité dans la presse.

Constitution du syndicat des vignerons de Damery.

Études sur les pharmacies coopératives. Délégations nombreuses en province. Création de sociétés nouvelles.

Année 1899. — Une des plus importantes initiatives de la Bourse en cette année a été l'organisation de la délégation à l'inauguration de la Maison du Peuple de Bruxelles. Le rapport publié à cet effet dans le numéro 24 du Bulletin a été répandu par toute la France et a servi à lancer les coopératives dans la voie socialiste.

Délégation à l'inauguration du troisième four de la *Verrerie ouvrière*.

Publication d'une brochure de 72 pages, *Une œuvre sociale*, tirée à 10,000 exemplaires et contenant l'historique de la grève de Carmaux, l'organisation de la Verrerie, situation morale et financière, détails techniques, etc.

Publication d'un rapport très documenté sur l'assurance coopérative. Ce rapport donne la progression des actions des Compagnies d'assurances, les bénéfices réalisés par elle, etc.

Groupement des sociétés pour assurer en commun leurs employés contre les accidents du travail. La prime est abaissée de 1,55 o/o à 0,50 pour tous risques. Facilité de résilier tous les ans.

Procès contre la régie en faveur de *la Solidarité* de Montmorency.

Cette année 1900 a été couronnée par le premier congrès coopératif socialiste tenu en France. La réponse faite par les sociétés et les décisions prises prouvent que la Bourse coopérative n'a pas perdu son temps.

En résumé, la *Verrerie ouvrière*, le Pavillon syndical et coopératif, l'Assurance coopérative, la Boulangerie socialiste, l'affectation d'une partie des bénéfices à la propagande socialiste, l'entrée des socialistes dans les sociétés, d'où est résulté plus de bien-être pour les employés, autant de mesures préconisées par la Bourse, et qui ont abouti. Aujourd'hui définitivement installée au Pavillon syndical et coopératif du Palais du Travail (Place Dupleix, XV° arr.), elle se compose de 73 sociétés représentant plus de 30.000 sociétaires, sans y comprendre la Fédération des Ardennes, qui vient de faire son adhésion.

Les ressources de la Bourse se composent des cotisations, à raison de o fr. o5 par sociétaire et par an; de plus le Bulletin, qui jusqu'à présent n'a pu paraître que d'une façon irrégulière, donne à la Bourse un supplément de recettes d'environ 500 fr. ; il faut ajouter les dons offerts par diverses Sociétés. — Voici les Budgets de la Bourse depuis l'origine.

ANNÉES	RECETTES	DÉPENSES
1896	1.027 fr. 75	757 fr. 05
1897	1.952 55	2.168 25
1898	1.927 75	2.104 00
1899	6.164 65	5.782 35
1900 (1ᵉʳ semestre)	3.288 25	3.694 55

Au nombre des dépenses figurent différentes sommes qui ont été allouées par la Bourse coopérative à diverses sociétés, pour leur permettre de faire face à des nécessités urgentes. D'autre part, l'excès des dépenses sur les recettes totales se trouve couvert par des sommes dues à la Bourse, tels que prêts et cotisations non versées. La situation actuelle apparaît donc comme très satisfaisante, et les travaux en cours d'exécution permettent d'espérer d'ici peu un surcroît de recettes, et d'envisager la réalisation de projets qui, faute d'argent, n'ont pu dépasser encore la période de la « prise en considération ».

J'ai raconté brièvement le travail de cinq années. Aujourd'hui que l'élan est donné, nous estimons que dans cinq années d'ici des organisations ouvrières merveilleuses se dresseront en face des usines capitalistes. Ce sera la meilleure preuve que les travailleurs ne doivent compter que sur eux-mêmes.

Xavier GUILLEMIN.

SOCIÉTÉS ADHÉRENTES

A LA

BOURSE COOPÉRATIVE

SOCIÉTÉS ADHÉRENTES A LA BOURSE COOPÉRATIVE

NOMS DES SOCIÉTÉS	LIEUX	VILLES	NOMBRE de SOCIÉTAIRES
Abeille Suresnoise	rue du Mont-Valérien.	Suresnes.	900
Alliance du XVIIe	rue Laugier, 32.	Paris.	170
Avenir de Plaisance	rue Niepce, 13.	—	5.200
Avenir de Malakoff	rue Victor-Hugo, 43.	Malakoff.	300
Avenir des Béatus	Avenue de Paris, 53.	Épinay.	40
Avenir d'Angers d'Outre		Angers.	80
Avenir de Vaugirard	rue de Vaugirard, 287.	Paris.	770
Bel Air (Le).	rue du Rendez-vous, 46.	—	140
Clairvoyante.	rue Championnet, 147.	—	250
Concorde (La).	rue du Mont-Cenis, 97.	—	1.000
Coopération Socialiste	rue Barrault, 84.	—	38
Coopérative.	rue Beaurepaire.	Coulommiers.	300
Coopérative.	rue de la Station.	Ermont.	358
Coopérative.	rue de la Raffinerie.	Choisy-le-Roi.	1.124
Économie.	rue Carnot.	St-Maur-les-Fossés	180
Économie meldienne	Place du Marché, 16.	Meaux.	142
Économie ouvrière	rue de Bagnolet, 103.	Paris.	100
Économie parisienne	rue des Gravilliers, 29.	—	580
Égalitaire.	rue Sambre-et-Meuse, 17.	—	7.296
Émancipation (L').	rue Labat, 69.	—	100
Émancipation.	rue de l'Église, 38.	—	80
Épargne (L').		Crespy-en-Valois.	220

Équitables (Les)	Avenue de Choisy, 203.	Paris.	200
Espérance Ve, XIIIe	Boulevard Arago, 28.	—	500
Espérance	rue de Nanterre.	Rueil.	200
Famille	rue Malar, 28.	Paris.	1.000
Famille	rue de Versailles, 11.	Bougival.	150
Famille rennaise	rue de la Halle-aux-Blés, 7.	Rennes	300
Fraternelle	rue St-Louis.	Port-Marly.	180
Fraternelle	rue Basse, 84.	Pontoise.	172
Fraternelle	rue du Plateau, 16.	Vanves.	300
Garennoise	rue de Chateaudun.	La Garenne-Colombe.	120
Glaneuse	rue Sophie-Germain.	Paris.	220
Laborieuse	rue du Chemin-Vert, 144.	—	1.115
Liancourtoise		Liancourt.	200
Lilasienne	rue de Paris, 114.	Les Lilas.	250
Lutèce	rue Cardinale, 4.	Paris.	100
Maison du Peuple	rue de la Saussière, 55.	Boulogne-s/-Seine.	178
Ménagère	rue des Apennins, 8.	Paris.	288
Persévérants (Les)	rue Brise-Échalas, 10.	St-Denis.	250
Prévoyante (La)	rue Lefort, 19.	Paris.	300
Prévoyante (La)	rue Paul-de-Kock, 4.	Prés-St-Gervais.	522
Probité	rue Coypel, 12.	Paris.	100
Progrès (Le)	rue de Paris, 24.	Gentilly.	250
Progrès social	rue des Imbergères.	Sceaux.	204
Prolétarienne	rue du Port, 19.	Argenteuil.	150
Prolétarienne	rue Étienne-Marcel.	Tours.	50
Républicaine	rue de la Collégiale, 5.	Paris.	150
Revanche prolétarienne	rue de la Gare.	Carmaux.	250
Revendication	rue Mars-et-Poty.	Puteaux.	4.004

NOMS DES SOCIÉTÉS	LIEUX	VILLES	NOMBRE de SOCIÉTAIRES
Ruche	au Val.	Herblay.	50
Ruche du XIVe	rue Liancourt, 12.	Paris.	250
Ruche Lavalloise	rue de Paris, 6.	Laval.	230
Ruche nivernaise	rue St-Arrigle.	Nevers.	50
Solidarité	rue J.-J. Rousseau.	Montmorency.	67
Solidarité	rue Broca, 113.	Paris.	90
Solidarité	rue Salneuve, 16.	—	150
Solidarité	rue Traversière, 30.	Asnières.	200
Thémis (La).	rue Viollet, 24.	Paris.	1.327
Union des ménagères	rue de la République, 56.	St-Denis.	100
Union montrougienne	rue du Marché.	Grand-Montrouge.	350
Union ouvrière du XIIIe.	rue de la Butte-aux-Cailles, 6.	Paris.	500
Union coopérative.	rue du Parc, 74.	Ivry.	306
Union fraternelle	route des Moulineaux, 128.	Issy.	200
Union des travailleurs	rue Carnot, 7.	Deuil.	120
» »	rue Cauchy, 22.	Arcueil.	320
» »	rue J.-J. Rousseau, 128.	Issy.	60
Union amicale du XVe	rue Mademoiselle, 103.	Paris.	209
Union ouvrière du XIVe	rue des Artistes, 37.	—	100
Union ouvrière	rue Branhauban.	Tarbes.	98
Union des travailleurs du XIIIe.	rue Baudricourt, 66.	Paris.	1.100
Utilité	rue de Brie, 4.	Brunoy.	100
Utilité sociale.	Boulevard d'Italie, 113.	Paris.	1.200

TABLE

Ce volume a été composé et tiré par des ouvriers syndiqués.

LILLE. — IMP. LE BIGOT FRÈRES, 25, RUE NICOLAS-LEBLANC

9 782016 116562